ERNESTO VAN PEBORGH

REDES
O DESPERTAR DA CONSCIÊNCIA PLANETÁRIA

www.dvseditora.com.br
São Paulo, 2013

O DESPERTAR DA CONSCIÊNCIA PLANETÁRIA

DVS EDITORA 2013 – Todos os direitos para a língua portuguesa reservados pela Editora. Nenhuma parte deste livro poderá ser reproduzida, armazenada em sistema de recuperação, ou transmitida por qualquer meio, seja na forma eletrônica, mecânica, fotocopiada, gravada ou qualquer outra, sem a autorização por escrito dos autores e da Editora.

Diagramação: Konsept Design & Projetos
Capa: Grasiela Gonzaga – Spazio Publicidade e Propaganda
Tradução: Sieben Gruppe

Nota: Muito cuidado e técnica foram empregados na edição deste livro. No entanto, podem ocorrer erros de digitação, impressão ou dúvida conceitual. Para qualquer uma dessas hipóteses, solicitamos a comunicação ao nosso serviço de atendimento através do e-mail: atendimento@dvseditora.com.br. Assim poderemos esclarecer ou encaminhar sua questão.

```
        Dados Internacionais de Catalogação na Publicação (CIP)
               (Câmara Brasileira do Livro, SP, Brasil)

        Peborgh, Ernesto van
           Redes : o despertar da consciência planetária /
        Ernesto van Peborgh. -- São Paulo : DVS
        Editora, 2013.

           ISBN 978-85-8289-019-6


           1. Comunicação digital 2. Desenvolvimento
        sustentável 3. Gestão do conhecimento 4. Interação
        social 5. Internet (Rede de computador) 6. Redes
        sociais 7. Sistemas de comunicação interativo -
        Aspectos sociais I. Título.



13-10035                                              CDD-302.4
                     Índices para catálogo sistemático:

            1. Redes sociais : Comunicação digital :
               Desenvolvimento sustentável : Sociologia
               302.4
```

Sumário

Prefácio vi

INTRODUÇÃO

A Bordo do Titanic 2
Um Desastre Anunciado 3
Com Quatro, não com Cinco 6
Antropoceno, a Era da Consciência 9
Teoria Geral dos Sistemas 14
Teoria de Gaia 17
Icebergs à Vista 18
Um Possível Desenlace 20
Entre o Pessimismo e a Esperança 21

CAPÍTULO 1

Redefinindo o Curso 24
Rumo a uma Nova Revolução Copernicana 27
Bem-estar, Sustentabilidade e Consumo 29
Uma Mudança de Paradigma 31
Novas Aspirações 34
Estamos Caminhando 36

CAPÍTULO 2

Um Salto na Consciência	38
As Seis Linguagens Humanas	40
O Papel da Mídia na Vida Humana	45

CAPÍTULO 3

A Teoria das Mídias	50
Uma Breve História sobre os Meios de Comunicação	53
Paradigma 1.0: Lógica Unidirecional	58
Novas Mídias, Novas Realidades	60
Paradigma 2.0: Dinâmica e Linguagem da Colaboração	62
Revolucionando a Revolução das Mídias	64
Para uma Consciência Coletiva e Colaborativa	68

CAPÍTULO 4

A Lógica Colaborativa da Rede	72
Tudo Está absolutamente Conectado	74
Como se Formam as Redes	75
Os Seis Graus de Separação e a Natureza dos Laços	76
Hubs e Conectores	78
As Redes Livres de Escala	79
Google e Facebook, Dois *Hubs* Visíveis e Vencedores	80
A Lógica da *Web* e o Salto de Consciência	81
Rumo a um Pensamento de Código Aberto	82
Linearidade *Versus* Interdependência	84
Multidirecionalidade e Cocriação	85
Assimilação Coletiva	88
A Rede enquanto Espaço e Recurso Comum	89

CAPÍTULO 5

A Rede como um Recurso Comum	92
Mudanças Radicais	94

Sumário

Comunidade, *Commons* e Conhecimento 96
A *Web* como KPR 98
Desenvolvimento do Capital Social e Exercício Cívico 100
Os Desafios de uma Comunidade 102
Gestão de Comunidades 105
Uma Mega KPR 106

CAPÍTULO 6

Viagem ao Futuro 112
Agradecimentos 124

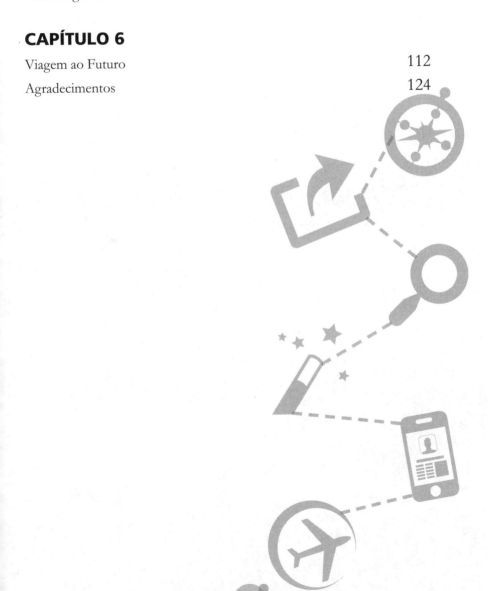

Prefácio

No livro *Sustentabilidade 2.0* – um trabalho investigativo realizado pela equipe da organização *A Viagem de Odiseo*, entre 2005 a 2007 – analisou-se o encontro de duas poderosas tendências: (1) o impacto do desenvolvimento sustentável sobre empresas e sociedade civil; e (2) a implicância da *web* 2.0 e das novas mídias sobre a comunicação, a circulação de ideias e a gestão do conhecimento.

Baseando-se na evidência das mudanças que estavam sendo produzidos pelas redes sociais em todas as camadas sociais e, principalmente, em nossas vidas cotidianas: em nossa maneira de trabalhar, de aprender, de nos comunicar e nos relacionar com os outros, a hipótese levantada na ocasião postulava que o aparecimento desse novo meio poderia de fato nos levar a um desenvolvimento sustentável.

Todavia, para avançarmos na exploração dessas ideias fazia-se primeiramente necessário não apenas a completa compreensão do conceito de "sustentabilidade," mas também o estabelecimento de um consenso sobre ele. Afinal, esta era justamente a base sobre a qual todo o nosso trabalho seria construído. Então, no capítulo intitulado "A Definição Perfeita", analisamos as mais importantes acepções desse termo. As perspectivas distintas resenhadas no livro *Sustentabilidade 2.0* enfatizam, ao mesmo tempo, a necessidade de tomarmos consciência da situação – "entender o que está acontecendo já representa 50% da solução", afirma o empreendedor norte-americano Bill Drayton – e a interdependência existente – "a sustentabilidade se revela quando descobrimos que tudo está interconectado", segundo as palavras do ambientalista norte-americano Paul Hawken. Elas (as perspectivas) também invocam a necessidade de interconexão, de compreensão coletiva, de formas mais abertas de democracia participativa e igualdade, e do que é imprescindível em uma evolução social e cultural para um novo estado de consciência planetária.

Já se passaram seis anos desde a publicação da obra mencionada, de modo que, nos dias atuais, tal revolução revela-se ainda mais urgente que no passado. Precisamos tomar consciência da situação, mas continuamos deparando com uma barreira cognitiva: a sustentabilidade é um conceito tão complexo que se torna impossível compreendê-lo a partir de nossa lógica atual e linear, baseada nos conceitos de causa e efeito.

Os problemas que enfrentamos atualmente exigem a coordenação e a cooperação de toda a comunidade, uma vez que ostentam vários pontos de vista distintos e reúnem inúmeros temas críticos e absolutamente urgentes para a humanidade. Sendo assim, para alcançarmos a sustentabilidade precisamos encontrar mecanismos novos e, ao mesmo tempo, deixar de abordá-los de maneira isolada e independente para começarmos a definir uma perspectiva sistêmica e interdependente, que nos permita encontrar uma solução integral.

Todavia, nosso tempo é limitado. A espécie humana evolui exponencialmente em relação aos próprios limites planetários para a sustentação da vida. O que prevíamos para o longo prazo já está ocorrendo. O horizonte que parecia tão distante está agora diante de nossos olhos. E frente a toda essa urgência, a internet parece evoluir de maneira vertiginosa, fornecendo-nos os recursos necessários para organizarmos e desenvolvermos soluções sistêmicas e globais.

Ao longo dos últimos anos temos testemunhado o surgimento de milhares de grupos de indivíduos comprometidos com essa causa. Estes, reunidos em torno de interesses comuns, começam a gerar soluções para problemas específicos. Esses "nós" ainda estão espalhados, porém, a partir da interconectividade proporcionada pelas

Prefácio

redes sociais, eles estão se associando para não somente intercambiar conhecimentos e experiências, mas também trabalhar de modo colaborativo em propostas integrais. Trata-se de um processo lento, mas cujos avanços serão contundentes. O fato é que um novo sistema de gestão de conhecimento nos conecta e começa a impactar de maneira orgânica todos os âmbitos de nossas vidas. Além disso, vislumbra-se o nascimento de um novo modelo de organização e de governos.

A revista *Time* reflete tal evolução: até o ano de 2005, o personagem do ano escolhido para ocupar sua capa sempre foi um indivíduo destacado da comunidade, fosse por seu trabalho ou prestígio. Entretanto, no ano de 2006, o "personagem" da capa foi a palavra "você" (*you*, no original). O objetivo da publicação foi justamente destacar indivíduos comuns e, ao fazê-lo, a *Time* reconheceu a importância dos milhões de indivíduos que anonimamente contribuem para a criação de *softwares* livres (GNU / Linux) e publicam conteúdos na Wikipédia, no YouTube e no Facebook. Pela primeira vez, utilizando-se das redes sociais, as pessoas foram capazes de compartilhar informações e gerar conhecimento de maneira massiva e a uma velocidade sem precedentes.

Em 2011, essa mesma revista elegeu como personagem do ano o "manifestante," em clara alusão aos cidadãos descontentes que saíram às ruas para protestar de maneira pacífica contra diferentes sistemas de governo. Essas pessoas continuam a se organizar por meio das redes sociais com o intuito de demonstrar toda a sua decepção e frustração com os representantes das estruturas sócio-políticas que parecem incapazes de enfrentar os desafios que estão a sua frente. O fato é que as velhas estruturas estão sendo encobertas pelo avanço de uma nova forma de organização, dentro da qual a internet funciona como um eixo fundamental, por seu alcance, sua penetração e suas possibilidades colaborativas, capazes de impulsionar mudanças revolucionárias nos modelos atuais.

As transformações que a Amazon promoveu nos livros; as mudanças provocadas pela Wikipédia, tanto no que diz respeito à produção quanto ao acesso às informações e ao conhecimento; as possibilidades que o Skype nos ofereceu em termos de comunicação – estes são apenas três exemplos que parecem até insignificantes se considerarmos a espetacular e profunda transformação gerada pela internet em nossas sociedades. Uma amostra disso são as 4 milhões de pessoas que ao longos dos últimos 18 meses realizaram cursos gratuitos, e à distância, oferecidos pelas melhores universidades norte-americanas, utilizando-se da plataforma Coursera. Nos próximos anos todos nós seremos testemunhas das modificações que essa dimensão virtual irá gerar em nossos modelos de produção, educação, saúde e governo. Veremos como todos esses "nós" se vincularão para formar uma "crosta de mentes interligadas," capaz de criar soluções coletivas e sustentáveis.

Nos últimos sete anos tenho trabalhado com empresas de primeira linha, elaborando estratégias de construção de redes internas para a gestão de conhecimentos. Nesses projetos nós fomentamos a cultura da colaboração, desenvolvemos plataformas para o intercâmbio de ideias, criamos espaços para perguntas – cujas respostas são elaboradas de modo participativo – e organizamos reservatórios coletivos de criatividade e inovação. Em todos esses casos, o produto da interação ocorrida dentro dessas redes é um resultado absolutamente inestimável: um conhecimento coletivo que, organizado com as ferramentas oferecidas pela internet, pode ser administrado e aproveitado por todos.

Neste livro – Redes –, e a partir dessas experiências, tento descrever o que considero ser o caminho de nossa evolução cognitiva rumo a um desenvolvimento sustentável. Trata-se de uma oportunidade única, e quem sabe derradeira, para inventarmos de maneira coletiva nosso próprio futuro.

Ernesto van Peborgh

REDES
O Despertar
da Consciência
Planetária

Ernesto van Peborgh

INTRODUÇÃO

A Bordo do Titanic

Ao *zapear* pelos canais e observar os muitos filmes que passam na tela da TV, percebo-me, mais uma vez, assistindo a "Titanic", na versão dirigida por James Cameron.

Então, a despeito da história de amor, da recriação da catástrofe, dos efeitos especiais e da clássica cena em que, durante o entardecer, o casal "voa" sobre o mar, torna-se inevitável questionar se toda aquela tragédia não poderia ter sido evitada. Em geral, diante de fatos como o naufrágio do Titanic, elaborar teorias acerca do que teria ocorrido - caso as pessoas envolvidas tivessem tomado decisões diferentes - poderia levar a implicações ao mesmo tempo incômodas e dolorosas. No entanto, acredito que vale a pena revisar alguns dados produzidos pelas investigações do referido episódio e ver o que podemos aprender com ele.

Um Desastre Anunciado

Imponente, impressionante e majestoso – em 10 de abril de 1912, exatamente ao meio dia, o Royal Mail Steamship (RMS), mais conhecido como "Titanic", um barco a vapor do Correio Real Britânico, partiu do porto de Southampton, no Reino Unido, rumo à cidade de Nova York, nos Estados Unidos. Pioneiro de muitos avanços tecnológicos que iluminariam o século XX, o luxuoso transatlântico transportava em seu interior 2.227 passageiros. Porém, ao se aproximar da Ilha de Terra Nova, já nos últimos minutos do dia 14 de abril, a embarcação colidiu com um *iceberg* e afundou menos de três horas após o acidente. Somente 710

INTRODUÇÃO

pessoas sobreviveram àquela noite fatídica e interminável. O fato ficaria registrado na história da humanidade como um verdadeiro pesadelo que custou a vida de 1.517 pessoas, produzindo nos familiares e amigos das vítimas uma dor imensurável, e destruindo muitas de nossas fantasias onipotentes – embora nem todas.

De acordo com notícias divulgadas e investigações posteriores, entre os mortos estava o primeiro oficial William McMaster Murdoch, que, segundo alguns sobreviventes, encontrava-se na ponte de comando do navio no momento da colisão. Porém, há testemunhos de que Murdoch teria cometido suicídio durante a evacuação do navio, depois de despachar vários botes salva-vidas. Existem ainda os que alegam que ele teria morrido afogado. O fato é que, assim como Edward John Smith, capitão do Titanic, Murdock não sobreviveu à tragédia. Além de grande perícia profissional, os dois homens – assim como grande parte da tripulação – compartilhavam da convicção de que estavam a bordo de uma embarcação indestrutível e absolutamente impossível de afundar. Talvez justamente por isso tenha se considerado aceitável, na ocasião, o fato de o navio ter zarpado com um número de botes salva-vidas capaz de evacuar somente metade dos passageiros.

A noite de 14 de abril de 1912 recobriu o Titanic com um gigantesco manto de estrelas. De fato, o céu parecia tão tranquilo quanto as águas sobre as quais ele deslizava. Até onde alcançava a vista dos vigias, o belíssimo navio somente dividia a paisagem com blocos de gelo que flutuavam ao seu redor. Então, da ponte de comando, Murdoch se certificou de que a velocidade do navio permaneceria alta para que fosse possível bater um recorde e chegar aos Estados Unidos antes do horário previsto. Esta, afinal, seria outra maneira de demonstrar toda a excelência de seu poderio tecnológico, desde a primeira viagem.

O fato é que todas as investigações posteriores ao naufrágio confirmariam que o luxuoso transatlântico havia recebido ao longo de todo o dia inúmeros alertas de outras embarcações que trafegaram pelas mesmas águas – o RMS Baltic, o RMS Carpathia e o SS Amerika. Entretanto, a despeito de todos esses avisos sobre grandes blocos de gelo e enormes *icebergs* na região, o capitão e seus colaboradores fizeram apenas uma pequena correção de curso, mas mantiveram a velocidade.

De acordo com investigações realizadas após o desastre, tanto nos Estados Unidos quanto na Grã-Bretanha, um dos personagens centrais da tragédia foi o navio SS Californian, que teria enviado ao Titanic inúmeros avisos sobre a ameaçadora presença de enormes blocos de gelo na região. Segundo o testemunho de Cyril Evans, operador de rádio do navio norte-americano, desde as dezenove horas e trinta minutos do dia do acidente ele insistira em seus informes sobre os *icebergs*. Entretanto, quando seu colega do Titanic, Jack Phillips, respondeu-lhe asperamente se dizendo bastante ocupado – aparentemente ele estaria telegrafando as mensagens dos passageiros que se acumularam durante todo o dia – e solicitando que o operador parasse de lhe enviar tais relatórios, Evans decidiu simplesmente desligar o transmissor e se recolher: uma decisão que se revelaria fatal, já que o SS Californian era justamente o navio mais próximo do Titanic na ocasião e, provavelmente, o único que teria conseguido alcançá-lo antes do naufrágio e, consequentemente, salvar mais vidas.

Thomas Arthur Whiteley, membro da tripulação e testemunha ocular do acidente, revelou que, nos quinze minutos que antecederam o impacto, três chamadas foram feitas a partir da torre de observação do navio, alertando sobre a existência de *icebergs*. Se esses avisos tivessem sido observados, haveria tempo suficiente para que a tripulação desviasse o navio e evitasse a tragédia.

Estes e outros detalhes nebulosos que cercam o naufrágio do Titanic nos levam a perguntar por que os envolvidos decidiram agir do modo como agiram. Por que não levavam a sério as vinte e uma advertências recebidas? Por que, apesar de todos os alertas, o capitão deixou a ponte, primeiramente para jantar com os passageiros e, mais tarde, para dormir? Por que às 23 horas e 15 minutos, quando dois tripulantes que ocupavam a torre de observação avistaram o *iceberg* mortal e imediatamente avisaram a ponte de comando, os responsáveis não reagiram e esperaram até segundos antes do impacto?

INTRODUÇÃO

Enquanto criatura mortal, nenhuma característica do ser humano é capaz de surpreender, muito menos a loucura, a onipotência, a arrogância e o orgulho. Mas qual seria o resultado de combinar todas essas fraquezas à incontrolável força da natureza, personificada neste caso por um gigantesco *iceberg*? A resposta é simples: mais de 1.500 pessoas que, após 15 de abril de 1912, jamais tiveram a oportunidade de atracar no porto de destino ou de testemunhar um novo amanhecer.

Com Quatro, não com Cinco

Segundos depois do choque, os homens no comando do Titanic tentam compreender a situação. Pela ótica do diretor James Cameron, a cena em questão se desenrola com os seguintes protagonistas: o Capitão Smith; Thomas Andrews Jr., o projetista do navio;[1] e Joseph Bruce Ismay, presidente da White Star Line – empresa proprietária do Titanic –, o único dos três que sobreviveu ao naufrágio. Também participam da discussão o primeiro oficial William McMaster Murdoch e ainda outro oficial. O diálogo imaginado para a película é o seguinte:

Andrews Jr. (contendo o desespero): *Água, cinco metros acima da quilha em dez minutos. No porão da proa e também em três compartimentos. Água no interior da caldeira número 6.*

Oficial: *Sim, senhor.*

Ismay: *Quando poderemos prosseguir, diabos?*

Andrew Jr. (como se não tivesse ouvido Ismay): *Há cinco compartimentos inundados. Ele consegue flutuar com quatro compartimentos debaixo d'água, mas não com cinco. Se a proa afundar, a água ultrapassará a linha do convés e continuará avançando, sem que nada possa detê-la.*

Capitão Smith: *As bombas ... Se nós ...*

Andrew Jr.: *Elas nos darão algum tempo, mas somente alguns minutos. O fato é que não importa o que façamos, o Titanic vai afundar.*

---

1 http://es.Wikipédia.org/wiki/Thomas_Andrews

A Bordo do Titanic

Ismay: *Mas este navio é indestrutível, ele não pode afundar!*
Andrew Jr. (dirigindo-se primeiramente a Ismay): *Ele é feito de ferro. Eu lhe asseguro que ele pode afundar, e vai. É uma certeza matemática.*
Capitão Smith: *Quanto tempo?*
Andrew Jr.: *Uma hora. Duas no máximo.*
Capitão Smith: *Quantos estão a bordo?*
Murdoch: *Duas mil e duzentas almas, senhor.*
Capitão Smith: *Eu acredito que isso sairá em todas as manchetes, Sr. Ismay.*

Ao assistir a Conferência TED,[2] apresentada por Johan Rockström em julho de 2010,[3] lembrei-me imediatamente desta cena. Rockström é o diretor executivo do Centro de Resiliência de Estocolmo (Stockholm Resilience Centre). Desde a sua criação, em 2007, esta instituição de renome mundial se dedica a pesquisas interdisciplinares que auxiliem na definição de políticas para a gestão de "sistemas socioecológicos". Esse termo foi cunhado em 1998, por Fikret Berkes e Carl Folke (dois pesquisadores da entidade sueca), para refletir a conexão entre ambos os aspectos nas análises realizadas.[4]

Na conferência, Rockström apresentou uma das principais teses defendidas pelo Centro: os nove limites planetários[5] – o que seria equivalente aos cinco compartimentos do Titanic. Sob o título sugestivo "Permita que o Meio Ambiente Guie Nosso Desenvolvimento",[6] explicou que

---

[2] TED é uma organização sem fins lucrativos dedicada à difusão de ideias inovadoras relacionadas a uma grande variedade de tópicos. Seu nome vem da sigla em inglês para os termos tecnologia, entretenimento e *design*. Desde 2002, a organização é dirigida por Chris Anderson, também responsável pela realização das conferências que, nas últimas décadas, se tornaram um espaço privilegiado para a apresentação de pontos de vista e trabalhos realizados por especialistas de todo o mundo.

[3] www.ted.com/talks/johan_rockstrom_let_the_environment_guide_our_development.html.

[4] www.stockholmresilience.org/research/whatisresilience/resiliencedictionary.4.aeea46911a3127427980004355.html.

[5] www.stockholmresilience.org/research/researchnews/tippingtowardstheunknown/thenineplanetaryboundaries.4.1fe8f33123572b59ab80007039.html.

[6] Título em inglês: *Let the Environment Guide our Development*. (N.T.)

INTRODUÇÃO

a Terra está sendo atacada por nossas próprias ações a partir de nove flancos, que colocam em risco a manutenção do ecossistema que viabiliza a vida dos seres humanos em nosso planeta (pelo menos da maneira como tem ocorrido até o momento). Os pontos críticos identificados são:

- As alterações climáticas;
- A acidificação dos oceanos;
- O nível de consumo de água doce e a alteração no ciclo hidrológico global;
- A redução da camada de ozônio;
- As emissões químicas;
- O empobrecimento da biodiversidade;
- A alteração na composição do solo provocada pela utilização humana;
- A introdução de nitrogênio e fósforo na biosfera e nos oceanos; e
- O impacto dos gases utilizados em aerossóis sobre a atmosfera, até alguns anos atrás.

O nível de gravidade destes problemas é determinado pela resiliência[7] do planeta, ou seja, pela sua capacidade (limitada) de mudar continuamente e se adaptar, sempre se mantendo dentro de certos limites. Um ótimo exemplo de resiliência nos é fornecido pelo tênis: qualquer um que já tenha praticado esse esporte sabe que uma bola de tênis tem o término de sua vida útil definido pelo esgotamento de sua capacidade de se deformar para absorver choques e, posteriormente, recuperar sua forma original. Neste sentido, torna-se claro para o leitor a razão pela qual o termo "resiliência" está no âmago da missão da instituição sueca.

Segundo as pesquisas do Centro, a humanidade já ultrapassou os limites de resiliência em três das nove frentes apresentadas (alterações climáticas, perda de biodiversidade e interferência com o ciclo do ni-

---

[7] A Real Academia Espanhola define resiliência como "a capacidade de um material (elasticidade) para absorver e armazenar energia de deformação". Disponível em http://buscon.rae.es/draeI/SrvltConsulta?TIPO_BUS=3&LEMA=resiliencia.

trogênio) e está se aproximando de níveis perigosos nas seis restantes.[8] De modo mais específico, o aquecimento global parece ter "inundado" o quinto compartimento desse "Planeta Titanic" em que vivemos. O nível alcançado pelas emissões de gases de efeito estufa interferiu de maneira crítica no ciclo do carbono, elevando a temperatura média da Terra a um grau que retroalimenta e aumenta as emissões desses mesmos gases, tanto por ações humanas quanto por processos naturais. Será que ainda há tempo para lidarmos com essa crise e continuarmos a navegar neste belíssimo navio que nos abriga e nos mantém vivos? Será que nosso planeta esconde em algum lugar "botes salva-vidas" em número suficiente para salvar todos ou ao menos alguns dos sete bilhões de "passageiros" humanos? Ou será que estamos nos transformando justamente na água que precisa ser ejetada dos porões para que o navio se mantenha na superfície?

De acordo com os participantes do 3º Simpósio dos Ganhadores do Prêmio Nobel no campo de Sustentabilidade Global,[9] "A ciência nos avisa que estamos transgredindo fronteiras planetárias que têm mantido nossa civilização segura ao longo dos últimos dez mil anos. Ela também nos alerta para um número cada vez maior de evidências de que a pressão humana está começando a ultrapassar a capacidade de amortecimento e regeneração da Terra." A gravidade dessa situação é extrema, uma vez que somos parte dos sistemas socioecológicos: fora da natureza, a existência de nossa espécie torna-se inimaginável.

Antropoceno, a Era da Consciência

Marcados pela esperança de um crescimento espiritual ou talvez do surgimento de uma nova Idade de Ouro para a humanidade, muitos dos

---

8 De acordo com www.stockholmresilience.org/
research/researchnews/tippingtowardstheunknown/
quantitativeevolutionofboundaries.4.7cf9c5aa121e17bab42800043444.html.

9 Como resultado deste evento, foi publicado um documento intitulado *Memorando de Estocolmo. Pendendo a balança em direção à sustentabilidade*, 18 de maio 2011. Disponível em http://globalsymposium2011.org/wp-content/uploads/2011/09/Final_sthlm_memo_ES.pdf.

INTRODUÇÃO

principais protagonistas mundiais da segunda metade do século XX, nos campos da cultura e das artes, concentraram suas expectativas na chegada de um novo período: a Era de Aquário. Porém, ao adentrarem o século XXI, alguns cientistas têm questionado as razões para tal otimismo e, ao mesmo tempo, se concentrado nas consequências das profundas mudanças ambientais globais provocadas pelas atividades humanas.

Há uma década, um indicador denominado "pegada de carbono" foi criado para mensurar a quantidade de gases de efeito estufa (GEE) emitida por um indivíduo, uma organização, um produto ou evento, seja por efeito direto ou indireto do agente. Em termos de massa, a pegada de carbono equivale à quantidade de CO_2 emitida. Por exemplo, anualmente, o argentino emite na atmosfera, em média, cerca de 10.000 quilos de CO_2, ou seja, 10 toneladas. Nos Estados Unidos, a média é de 20 toneladas por habitante. Em geral, estima-se que a humanidade libere na atmosfera um total de 31.600 milhões de toneladas de CO_2 por ano. Façamos uma comparação: se considerarmos que um elefante africano adulto pesa cerca de 5 toneladas, e que a humanidade como um todo libera na atmosfera o equivalente a 200 elefantes por segundo, teremos no ar um total de 6.320 bilhões de elefantes novos a cada ano, um número que, aliás, o planeta não é capaz de absorver.[10]

Mas, afinal, quais os efeitos dessas emissões? Segundo o Painel Intergovernamental sobre Mudanças Climáticas (IPCC), entidade criada em 1988 pelo Programa das Nações Unidas para o Meio Ambiente (PNUMA) e pela Organização Mundial de Meteorologia (OMM), "A temperatura média da superfície terrestre aumentou, especialmente a partir dos anos 1950. A taxa média de aquecimento nos últimos 50 anos (0,13°C ± 0,03°C por década) é quase o dobro da taxa dos últimos 100 anos."[11] O desmatamento afeta diretamente o aquecimento global, uma vez que a absorção do gás carbônico ocorre justamente durante o processo de fotossíntese nas plantas. A taxa atual de desmatamento equivale à destruição de 250 mil campos de futebol por semana, ou seja, quase meio hectare por segundo.

---

10 http://www.iea.org/newsroomandevents/news/2012/may/name,27216,en.html.
11 http://www.ipcc.ch/publications_and_data/ar4/wg1/es/tssts-3-1-1.html.

Isso significa a perda anual de um território do tamanho da Grécia.

Estes são apenas alguns exemplos que ilustram a real envergadura de fenômenos como a emissão de gases de forte impacto (como o CO_2, o metano, o óxido nitroso etc.), o desmatamento e a consequente desertificação do solo sobre o meio ambiente. Isso sem falar dos menos citados, como a sobrepesca, a extinção de espécies animais e vegetais, e o derretimento progressivo das calotas polares. Como já explanado em vários livros, estamos vivenciando a última etapa do período Quaternário: o Holoceno. Iniciado há pouco mais de dez mil anos, após a última era glacial, este período se caracteriza pela estabilização de temperaturas dentro de um determinado intervalo, o que favoreceu o desenvolvimento não apenas da espécie humana, mas de várias outras. Se compararmos toda a história da humanidade ao tempo geológico do planeta, perceberemos que até mesmo a mais deslumbrante de nossas obras, as ações mais heróicas e os feitos mais brilhantes do ser humano não corresponderiam a mais que um mero instante. Isso significa que, do ponto de vista biológico, nossa espécie está se aproveitando de uma breve e única janela de oportunidade que nos foi aberta pela natureza.

No entanto, mal estes pequenos seres se estabeleceram no planeta e já começaram a transformá-lo de maneira radical, o que deve representar motivo de alarme. Um estudo do comportamento dos sistemas complexos autorregulados (tais como o ecossistema terrestre) demonstra que a passagem irreversível de um estado para outro pode depender de uma pequena alteração no comportamento de um dos fatores envolvidos no processo. Assim como um simples passo em falso ao atravessar uma rua é capaz de definir se conheceremos ou não nossos netos no futuro, exceder os limites planetários identificados pelo Centro de Resiliência de Estocolmo pode acabar com o "primaveril" Holoceno. Daí a importância de percebê-los e, principalmente, de respeitá-los.

Os nove limites mantêm entre si um vínculo sistêmico, portanto, a alteração no comportamento de uma única variável irá alterar o funcionamento de todo o conjunto. De acordo com Rockström, esses limites definem o território no qual nossa espécie pode operar sem provocar a

INTRODUÇÃO

destruição do ecossistema existente. A partir desse entendimento, percebemos que está em nossas mãos a inauguração do Antropoceno: um período em que o ser humano, como uma força geológica consciente, será capaz de autorregular seu comportamento a fim de conservar e preservar as condições que permitem nossa sustentabilidade enquanto espécie.

Segundo Rockström, a situação atual representa, ao mesmo tempo, uma grande ameaça para o ecossistema e uma oportunidade extraordinária. Até onde sabemos, somos as primeiras criaturas da Terra capazes de compreender e alterar o impacto global de nosso próprio comportamento. Neste momento, estamos submetendo o ecossistema mundial a quatro pressões distintas:

- **O crescimento da população.** Esse impacto não está associado apenas ao número de pessoas que habita nosso planeta (7 bilhões, no momento), mas também ao acesso desigual desses indivíduos aos recursos. Somente 20% da população se beneficiam do desenvolvimento econômico alcançado à custa das inúmeras transgressões aos nove limites planetários. Enquanto isso, os 80% restantes da população aspiram por um estilo de vida e por um nível de consumo que a Terra simplesmente não é capaz de garantir.[12]
- **As mudanças climáticas provocadas pela emissão de gases de efeito estufa.** De acordo com o cientista norte-americano James Hansen, um dos pioneiros no estudo do aquecimento global, "o nível seguro de CO_2 é de no máximo 350 ppm (partes por milhão), ou talvez menos. Hoje, essa concentração é de 385 ppm, e o nível tem subido cerca de 2 ppm por ano."[13]
- **A deterioração dos ecossistemas.** Nos últimos 50 anos, atividades humanas têm alterado profundamente o grau de resiliência dos ecossistemas (por exemplo, no que se refere à regulação da temperatura do

---

12 Para ilustrar alguns dos problemas derivados, vale a pena consultar o documento *Estamos gastando mais do que possuímos. O capital natural e bem-estar humano*. Declaração do Conselho de Avaliação dos Ecossistemas do Milênio, Nações Unidas, março de 2005. Disponível em http://www.maweb.org/documents/document.440.aspx.pdf.

13 De acordo com http://calentamientoglobalclima.org/2008/06/30/james-hansen-20-anos-despues/. Também em http://climate.nasa.gov/evidence/.

planeta) por meio do desmatamento descontrolado e da consequente redução da biodiversidade.

- **O estímulo a processos naturais irreversíveis (extinção de espécies vegetais e animais, e esgotamento de recursos não renováveis).** Muitas atividades humanas têm provocado processos que não podem ser revertidos nem pelo homem nem pela própria natureza. Isto não evidencia somente uma qualidade dos próprios ecossistemas, mas nos revela também nossa incompreensão do fenômeno: somos incapazes de reparar ou desfazer tudo o que já modificamos, danificamos e/ou destruímos. Ou seja, a natureza simplesmente não consegue se recuperar de todas as nossas ações e voltar a ser como era antes. De um ponto de vista ecológico, não é possível um retorno ao Éden, senão pelo estabelecimento de novos equilíbrios. Isso pode nos incluir, ou não.

O que vimos até aqui nos coloca em um cenário extremamente perigoso. No entanto, isso não representa a última palavra. Para Rockström, ainda que parcialmente, só depende de nós criar um futuro possível em que a espécie humana possa fazer parte do ecossistema planetário. "Os seres humanos são agora os principais propulsores das mudanças globais; eles são responsáveis por impulsionar o planeta rumo a uma nova era geológica – o Antropoceno", afirma o grupo de "nobéis" em Estocolmo.[14] "Já não podemos excluir a possibilidade de que nossas ações coletivas provoquem pontos de ruptura, arriscando consequências abruptas e irreversíveis tanto para os seres humanos quanto para os sistemas ecológicos. Também não é possível simplesmente nos mantermos no caminho atual. Não há mais tempo a perder. Não podemos nos dar ao luxo de negar o que está diante de nossos olhos. Temos de responder à situação de maneira racional, equipados com evidências científicas."

Mas por onde devemos começar? Modificando nossa mentalidade. Abandonando a crença comprovadamente equivocada de que todos

---

14 *Memorando de Estocolmo. Pendendo a balança em direção à sustentabilidade,* 18 de maio 2011. Disponível em http://globalsymposium2011.org/wpcontent/uploads/2011/09/Final_sthlm_memo_ES.pdf.

os processos são reversíveis. Participando ativamente como cidadãos e membros de nossas comunidades na busca por alternativas que sejam compatíveis com a sustentabilidade e a proteção desse meio ambiente que nos alimenta e nos abriga. Percebendo que somos o resultado de uma combinação de fatores naturais que, felizmente para nós, ocorreu – mas que poderia não ter ocorrido. E lembrando que não somos essenciais ao planeta. Aliás, do ponto de vista da natureza, talvez a situação seja justamente inversa.

Somos apenas um elemento dentro de um sistema bem mais amplo que, como veremos em breve, tem a capacidade de se modificar para assegurar sua própria viabilidade. Esse sistema é a Terra e nós, a espécie humana, somos apenas um de seus muitos elementos.

Teoria Geral dos Sistemas

Uma ferramenta essencial para a compreensão da relação existente entre nossa espécie e a natureza nos é fornecida pela Teoria Geral dos Sistemas, desenvolvida na década de 1950 pelo biólogo austríaco Ludwig von Bertalanffy. Originalmente, tal teoria tinha como foco o desenvolvimento de uma concepção da biologia embasada no conceito de totalidade orgânica. Aos poucos, entretanto, ela passou a abranger outras áreas de atividade científica e filosófica, incorporando em seus princípios a própria natureza humana. Isso se revelou contrário ao paradigma positivista-mecanicista, predominante no final do século XIX e meados do século XX.

Esta teoria define como sistema um conjunto de elementos que interagem de maneira organizada, e cujas propriedades não surgem a partir da simples junção das características isoladas de seus componentes, mas dos resultados obtidos por meio das relações estabelecidas entre todos eles, que mantêm o conjunto mais ou menos estável, tipicamente, em prol de um único objetivo. Por conseguinte, os componentes de um sistema, assim como seus atributos, somente podem ser compreendidos como um todo. Um átomo, uma célula, um órgão, um ser humano, uma sociedade, um planeta, uma galáxia – cada um desses elementos participa na composição de um sistema.

Os sistemas estão divididos entre abertos e fechados. Isso depende da relação que eles mantêm com o ambiente. Acredita-se que, depois de atingir um estado de equilíbrio, os processos intrínsecos a um sistema fechado se interrompam, e ele se mantenha constante ao longo do tempo. Em contrapartida, o sistema aberto nunca interrompe sua interação com o meio. De fato, os processos de mudança continuam a operar de modo ininterrupto e, por causa disso, jamais alcançam um ponto de equilíbrio, apenas o que é chamado de "estado estacionário". Um sistema aberto, que pode ser observado em qualquer organização humana, se utiliza dos recursos disponíveis em seu ambiente – matérias-primas, informações, conhecimentos científicos, demandas sociais ou qualquer outro elemento relacionado aos fins e aos meios característicos do sistema –, convertendo-os em produtos que serão novamente exportados ao meio. Logo, seu funcionamento não se limita a uma reprodução contínua do ciclo, uma vez que implica em uma retroalimentação constante: o meio incorpora o produto do sistema, e o sistema, por sua vez rege seu comportamento de acordo com os efeitos reais que provoca ao integrá-los no ciclo seguinte.

Enquanto no sistema fechado condições iniciais absolutamente iguais resultam em pontos de equilíbrio idênticos, no sistema aberto, diferentes condições iniciais e caminhos distintos podem conduzir a resultados semelhantes. Esta propriedade dos sistemas abertos é chamada de **equifinalidade**. Ao mesmo tempo em que sistemas fechados tendem a estados de máxima entropia (ou seja, a crescentes estados de desordem), os abertos desenvolvem processos antientrópicos que apontam para o estabelecimento de uma ordem, uma diferenciação e um nível de organização superior e, portanto, a uma maior complexidade. Para se aproximar de um estado estacionário, os sistemas abertos devem autorregular suas funções de acordo com as mudanças no meio, a fim de preservar sua missão principal. Estes três conceitos (retroalimentação, diferenciação antientrópica e autorregulação) ajudam a explicar a equifinalidade.

INTRODUÇÃO

A equifinalidade implica na capacidade de autotransformação de um sistema para que este possa alcançar seus objetivos. Os sistemas são como embarcações que tentam chegar ao seu destino navegando pelos mares. Porém, uma vez que a tripulação não dispõe de mapas com todos os obstáculos que se interpuserem em seu caminho, todos precisarão buscar continuamente a maior quantidade possível de informações para que consigam formular rotas viáveis e navegar com segurança em meio a eventuais recifes e *icebergs*. É justamente disso que depende toda a viabilidade de um sistema, seja ele um organismo vivo, um grupo humano, uma sociedade ou um ecossistema. A viabilidade é, portanto, um resultado do próprio sistema e de sua "capacidade autopoiética".

Façamos agora uma pausa para analisar o significado de "capacidade autopoiética" no âmbito do conteúdo deste livro. **Poiesis** é uma palavra grega cujo significado é produção. Autopoiese significa, portanto, autoprodução. O termo foi inicialmente utilizado no campo da biologia, porém, há algumas décadas, a palavra tem sido usada em várias outras disciplinas, tornando-se uma ferramenta útil e importante na análise da realidade. De acordo com o conceito de autopoiese desenvolvido pelo biólogo e epistemólogo chileno Humberto Maturana, os seres vivos são sistemas que se reproduzem indefinidamente. Assim, pode-se dizer que um sistema autopoiético é, ao mesmo tempo, produtor e produto.

O termo expressa o que Maturana denominou "centro da dinâmica constitutiva dos seres vivos." Para vivenciar essa dinâmica de forma independente, os sistemas vivos precisam recorrer aos recursos do ambiente em que vivem e, ao mesmo tempo, desenvolvem diversas estruturas que conservam sua própria identidade, uma vez que são, simultaneamente, sistemas autônomos e dependentes.

Este paradoxo "autonomia-dependência", que, aliás, é um traço característico dos seres vivos, não pode ser adequadamente compreendido por meio do pensamento linear, segundo o qual tudo se restringe ao modelo binário – sim/não, concordo/discordo. Do ponto de vista de Maturana, os seres vivos são máquinas autoprodutoras. Porém, sua produção sempre difere deles próprios.

É por isso que, para sobreviver, um sistema deve cultivar de modo simultâneo sua organização interna e sua congruência estrutural e dinâmica com o meio ambiente, em um processo contínuo de interações recursivas. Em outras palavras, na interação com o meio ambiente, cada sistema aprende a se adaptar, ou seja, a se modificar para assegurar a própria viabilidade – sua sobrevivência.

Nossa sociedade representa um sistema integral dentro de outro ainda maior: o sistema chamado Terra. Nesse jogo contínuo de interação e retroalimentação entre ambos, será que estamos conseguindo assegurar nossa própria viabilidade enquanto espécie?

Teoria de Gaia

São muitas as vozes que, após terem percorrido caminhos diferentes em suas pesquisas, acabaram chegando a um mesmo raciocínio ao considerar o problema climático como um tema central na crise ambiental, dada a dimensão de seu impacto sistêmico e também sua origem: a ação indiscriminada e abusiva do homem.

Entre essas vozes encontra-se o brilhante cientista britânico James Lovelock.[15] Médico, químico, biofísico e pioneiro nas pesquisas sobre questões ambientais, Lovelock é o autor da teoria de Gaia,[16] o sistema global das partes animadas e inanimadas da Terra, que abriga desde sua atmosfera até o centro rochoso e incandescente do planeta.

A Teoria de Gaia defende a ideia de que a vida orgânica e os elementos inorgânicos evoluem de maneira conjunta, não independente. Isso significa que o resultado evolutivo é mais que a soma de cada parte isolada, o que exige de nós uma visão abrangente ou holística. Para Lovelock, a Terra é um sistema semelhante aos sistemas vivos, pois, como eles, autorregula

---

15 Para obter mais informações visite: www.jameslovelock.org.
16 O termo, cunhado por Lovelock em 1970, leva o nome da deusa grega que personificava a terra ("Gaia" ou "Gea").

sua temperatura[17] e suas composições químicas, terrestre e atmosférica. Esta é a principal função da biosfera e de seus muitos ecossistemas, cujos processos sustentam de maneira circular a habitabilidade do planeta.

Sua destruição gratuita pelas mãos do homem provoca o aquecimento atmosférico. Daí a gravidade do risco de aquecimento global provocado pelo aumento dos níveis de dióxido de carbono: uma vez ultrapassado determinado limite, nenhuma ação humana, nem mesmo as de cunho governamental, será capaz de impedir o retorno da Terra a temperaturas extremas que simplesmente impossibilitarão a vida no local. A partir daí, serão necessários milhares de anos para que o planeta se recupere.

Dentro dessa teoria, os seres humanos, assim como todos os demais seres vivos, são vistos apenas como parte de uma entidade maior e viva (Gaia). Dentro do alto grau de especialização alcançado pela ciência ao longo dos últimos dois séculos, e de acordo com as análises a partir de métodos científicos, vários fatores impedem que a Teoria de Gaia sobre a Terra faça parte do senso comum. Acrescente-se a isso a adoração do homem pela vida urbana, que o impede de experimentar a natureza de maneira plena, afastando-se cada vez mais dela e sentindo-se cada vez mais uma entidade diferente do todo (*holos* = o todo).

Mas o que poderia nos fazer compreender tudo isso antes que seja tarde demais? Para Lovelock, enquanto "animais tribais", os seres humanos somente raciocinam em conjunto na eminência de perigos reais e extremos. O problema é que as mudanças climáticas nem sempre são óbvias e, quando nos deparamos com alguma pista neste sentido, em geral, tendemos a minimizar sua importância. Afinal, o Titanic não pode afundar, pode?

Icebergs à Vista

Existem certas condições gerais que determinam não apenas a estabilidade ambiental global, mas a viabilidade da própria vida no planeta:

---

[17] O fenômeno da autorregulação da temperatura foi reconhecido pela comunidade científica na Declaração de Amsterdã, em 2001.

em primeiro lugar, a temperatura; em segundo, a composição química da água e da atmosfera.

Cada ecossistema encontra seu equilíbrio em uma determinada faixa (variação) de temperatura, dentro da qual prosperam todas as espécies que o compõe. Quando essas faixas são alteradas, o equilíbrio existente no ecossistema também sofre alteração, e as consequências dessa mudança são imprevisíveis. O que sabemos até agora é que, pelo menos do modo como os conhecemos, esses ecossistemas podem entrar em colapso. A propósito, de acordo com alguns cientistas, um aumento de 4°C seria suficiente para desestabilizar o ecossistema da Amazônia e transformá-lo em um deserto. A íntima relação entre a regulação química e a temperatura foi testada por Lovelock em seu modelo Daisyworld (Mundo das Margaridas). A partir dele, verificou-se que à medida que o nível de CO_2 na atmosfera aumentava e se aproximava de 550 ppm (partes por milhão), a regulação térmica falhava e ocorria então um salto repentino na temperatura de aproximadamente 3°C. Já no caso da autorregulação da temperatura terrestre, o sistema entra em crise com o colapso do ecossistema oceânico, quando as algas marinhas – vitais para os processos químicos e térmicos – morrem devido à elevação da temperatura da água. Os valores indicados são congruentes com as previsões de outros cientistas, que asseguram que um aumento de apenas 2.7°C seria suficiente para derreter irreversivelmente a camada de gelo da Groenlândia.

Além disso, a atual contaminação da atmosfera terrestre com CO_2 e gás metano se assemelha ao total desses mesmos elementos liberados de modo natural ao longo de 55 milhões de anos. Até agora, a poluição já fez com que a temperatura aumentasse em cerca de 8°C no hemisfério norte, e em 5°C nos trópicos. As consequências desse aumento de temperatura irão durar 200.000 anos. Sendo assim, o *iceberg* que ameaça nosso planeta Titanic nos dias de hoje é bem quente.

No momento, vivenciamos uma era interglacial, caracterizada por um aumento gradual da temperatura. Tal elevação tem ocorrido parcialmente por conta do aquecimento do Sol ao longo dos milênios.[18] Para atingir as atuais condições climáticas, imediatamente após o surgimento da vida, Gaia teve de implementar uma série de mecanismos de arrefecimento que compõem parte do processo de autorregulação da temperatura e, assim, assegurar a habitabilidade do planeta. Neste sentido, temos: (1) as algas marinhas que flutuam nos oceanos e absorvem o CO_2 do ar para garantir seu próprio crescimento, o que, por sua vez, reduz o nível desse gás na atmosfera e o efeito estufa que ele produz; (2) os organismos que produzem os gases no oceano que uma vez condensados, formam o NCN (núcleo condensador de nuvens), sem o qual as partículas de água do ar não poderiam formar esses mesmos conjuntos que tanto colaboram para reduzir a temperatura terrestre. É evidente, portanto, que o oceano é um ecossistema-chave para a regulação térmica do planeta. Mas será que estamos cuidando de nossos oceanos adequadamente?

Um Possível Desenlace

Lovelock se mostra pouco otimista em relação ao futuro de nosso planeta. Na opinião dele, a elevação do nível de CO_2 em 550 ppm se revelará inevitável até meados de 2050, causando uma mudança climática profunda provocada por um aumento de 6°C a 8°C na temperatura. Além disso, uma vez superados os 4°C, as geleiras da Groenlândia derreteriam, desestabilizando completamente a Floresta Amazônica, transformando-a em uma região desértica. Juntamente com esses ecossistemas, a Terra também perderia parte de seu mecanismo de arrefecimento, o que permitiria que as temperaturas continuassem a subir, assim como o nível do mar, que cobriria as cidades costeiras. Enquanto isso, as algas deixariam de se desenvolver, já que não sobreviveriam em águas demasiadamente quentes e, com isso perderíamos seu efeito resfriador, o que colaboraria ainda mais para o aquecimento global. Todavia, essas mudanças na fisionomia

---

18 "Unidade de tempo geológico, equivalente a um bilhão de anos." Dicionário da Língua Espanhola, Real Academia Espanhola.

de Gaia não significariam sua morte. Depois de milhares de anos, ela provavelmente se recuperaria e a vida reapareceria... mas não nossa civilização. Ou seja, o que está em risco é a própria civilização.

O cenário descrito é possível. Aliás, plenamente possível. O fato é que, enquanto a história geológica nos mostra que Gaia já enfrentou várias crises catastróficas no passado, mas sempre alcançou um novo equilíbrio, vale lembrar que estamos no Antropoceno. Isso significa que nós (seres humanos) estamos na cabine de comando – senão como capitães, pelo menos como oficiais de alta patente. E aqui se aplica uma equação básica: se temos a capacidade de optar por fazer o que é necessário para minimizar as emissões de CO_2 e gás metano, limitando assim nossa contribuição para o aquecimento global, somos então plenamente responsáveis por aquilo que decidirmos. Mesmo que continuemos a acreditar em nós mesmos como os reis da Criação, temos que compreender que o exercício dessa "monarquia," desse poder, também implica em responsabilidades e no reconhecimento de nossas limitações, já que não somos onipotentes. Não podemos desfazer o que já fizemos, mas podemos sim começar a reparar tudo o que estiver ao nosso alcance – mesmo que essa tarefa seja difícil.

Entre o Pessimismo e a Esperança

A crise dos mecanismos de autorregulação da temperatura do planeta, resultantes de abusos e usos indiscriminados do meio ambiente pelos próprios seres humanos, é um fato. Para muitos, a ideia de tentar reparar ou reduzir o impacto de nossas ações sobre o planeta representaria um preço inaceitável – desistir de suas aspirações e de seu estilo de vida. Para outros, entretanto, trata-se de assumir um dever que lhes cabe diante das gerações futuras, do coração da sustentabilidade, e agir em conformidade com isso. Segundo o trecho do memorando assinado pelos nobéis participantes do encontro de Estocolmo, "Nosso dilema somente poderá ser resolvido se optarmos por reconectar o desenvolvimento humano à sustentabilidade global, afastando a falsa dicotomia que os coloca em

INTRODUÇÃO

oposição. Nosso chamado defende transformações e inovações fundamentais em todas as esferas e em todas as escalas, para que possamos deter e reverter as mudanças ambientais globais e avançar rumo a uma prosperidade duradoura e justa para as gerações presentes e futuras."

Será que tudo está perdido? Será que ainda podemos fazer alguma coisa para evitar o fim, ou, pelo menos, adiá-lo? Já causamos danos demais ao planeta. E continuamos a fazê-lo. Todavia, também começamos a compreender que nossa espécie – e o modo como ela se comporta – nada mais é que outro Titanic: uma obra magnífica; um fruto da inteligência e do talento humanos; talvez até bem mais forte e resistente que seus pares, mas, em última análise, absolutamente vulnerável – e mortal!

Embora nossos esforços no sentido de reverter o descaso que demonstramos com o meio ambiente nos últimos séculos não atinjam as proporções demandadas para a preservação de nosso habitat, há sinais que nos permitem algum otimismo. Isto pode ser verificado pela ratificação universal e pelo progresso na implementação do Protocolo de Montreal sobre o uso de substâncias que destroem a camada de ozônio, conhecidas pela sigla ODS (do inglês, Ozone Depleting Substances). Entre 1986 (quando as primeiras orientações foram propostas) e 2008, o consumo de ODS's diminuiu em 98%. É claro que isso não resultou apenas do desejo dos mais poderosos, mas também do compromisso global para fornecer aos países em desenvolvimento o acesso aos meios necessários para que todos alcançassem tal objetivo. O fato é que, sem o Protocolo de Montreal, o número de casos de câncer de pele e catarata teria aumentado aos milhões, enquanto o de queimaduras cada vez mais graves provocadas pela radiação ultravioleta teria quintuplicado.

No início deste capítulo, discorri sobre o Titanic e alertei para os riscos de se fazer suposições que não pudessem ser comprovadas – perguntas do tipo "Mas o que teria acontecido se..." são arriscadas, pois nos levam a caminhar por terrenos escorregadios. O que teria acontecido se o Titanic tivesse dado ouvidos aos alertas recebidos? O que teria ocorrido se o SS Californian tivesse mantido sua comunicação aberta? É difícil responder a estas questões hoje. No entanto, quando se trata de nossa Terra – desse novo Titanic –, que todos nós, enquanto espécie, construímos, os pesquisadores já têm pelo menos uma certeza: se não alterarmos nosso comportamento em relação ao ecossistema que nos abriga, nossa espécie terá de enfrentar uma situação ainda pior. Sem a implementação do Protocolo de Montreal, nossa vida ao ar livre nos dias de hoje (não na próxima década ou no século seguinte) seria dramática e radicalmente distinta. Esse acordo demonstrou que podemos melhorar nosso comportamento e impactar de maneira positiva o meio ambiente, e que, acima de tudo, somos capazes de perceber os *icebergs* que nos cercam e fazer os desvios necessários para evitar colisões fatais.

CAPÍTULO 1

Redefinindo o Curso

Em 2001, cientistas de mais de cem países que participam dos quatro principais programas internacionais de investigação sobre mudanças globais, assinaram a "Declaração de Amsterdã sobre Mudanças Globais".[1] No documento, assinalaram que as pesquisas conduzidas ao longo de uma década, sob os auspícios do Programa Internacional Geosfera-Biosfera (IGBP[2]), do Programa Internacional de Dimensões Humanas em Mudanças Ambientais Globais (IHDP), do Programa Mundial de Investigação do Clima (WCRP) e do Programa Internacional de Ciências e Biodiversidade (DIVERSITAS), demonstraram que:[3]

- "O Sistema Terrestre se comporta como um sistema único e autor-regulador, composto de elementos físicos, químicos, biológicos e humanos." Desse modo, alcança-se um importante consenso entre geólogos, meteorologistas, geofísicos, geoquímicos e biólogos, que, aliás, se alinha perfeitamente à hipótese de Gaia, proposta por James Lovelock4.[4]"As interações entre os elementos são bastante complexas e apresentam variabilidade temporal e espacial de múltiplas escalas. A compreensão da dinâmica natural do Sistema

[1] Conferência Científica Internacional sobre Mudanças Globais, Amsterdam, 10 a 13 Julho de 2001.
[2] As iniciais dos programas mencionados se referem aos nomes em Inglês.
[3] As declaração transcritas foram extraídas da *Revista de La Asociación Geológica Argentina*, 56 (4), dezembro de 2001, 571.
[4] 4 Watson, A. J., Lovelock, J.E. (1983). *"Biological Homeostasis of the Global Environment: the Parable of Daisyworld"* (Homeostase Biológica do Meio Ambiente Global: a Parábola do Mundo das Margaridas). Em Tellus B, 35 (4) 286-9.

CAPÍTULO 1

Terrestre tem avançado muito nos últimos anos e serve de base para a avaliação dos efeitos e das consequências das mudanças promovidas por atividades humanas."

- "As atividades humanas estão influenciando significativamente o ambiente terrestre. Isso tem ocorrido de várias maneiras, que incluem as emissões de gases que contribuem para o efeito estufa e para as mudanças climáticas." Esses fenômenos podem se equiparar "às grandes forças da natureza, em extensão e impacto." [...] "As mudanças globais são reais e estão acontecendo agora."
- "As mudanças globais não podem ser compreendidas através de um paradigma simples de causa-efeito. As mudanças provocadas pelas atividades humanas causam vários efeitos que, por sua vez, levam a consequências em cascata." A interação alcança tal complexidade que se torna extremamente complicado tentar entender os fenômenos propriamente ditos e, ainda mais difícil, prever seus cursos.
- "A dinâmica do Sistema Terrestre se caracteriza por limites críticos e alterações abruptas. As atividades humanas podem provocar estas mudanças sem aviso prévio, e com graves consequências para o meio ambiente e seus habitantes." Para os signatários da declaração, a possibilidade de que, enquanto espécie, realizemos modificações catastróficas e irreversíveis ao planeta é certa e definitiva.
- As mudanças no Sistema Terrestre já começam a exceder as margens de variabilidade natural dos últimos 500 mil anos: "A Terra opera atualmente em condições inauditas."

Com base nessas importantes descobertas científicas, os quatro programas de pesquisa mencionados convocaram os governos, as instituições públicas e privadas, e toda a população mundial, para que juntos, pudessem estabelecer, com a máxima urgência, um quadro ético estratégico que permita o gerenciamento global do Sistema Terrestre. Todos que assinaram a declaração endossam a ideia de que a manutenção do nosso atual relacionamento com o meio ambiente simplesmente não é uma opção. Repito: os cientistas que participaram do encontro de

Amsterdã há mais de uma década – em 2001 – argumentam, afirmam, declaram abertamente que *insistir no atual relacionamento que mantemos com o planeta não é uma opção.*

Rumo a uma Nova Revolução Copernicana

Mas que saída propõem os signatários da Declaração de Amsterdã? Em primeiro lugar, eles sugerem que nos concentremos no desenvolvimento e na implementação de estratégias para harmonizar as necessidades de desenvolvimento humano com as preocupações ambientais.

Em segundo, que criemos um "novo sistema global de ciência ambiental", com base nas perspectivas complementares oferecidas pelos diversos programas internacionais sobre mudanças globais, e fortalecido pela integração de novas disciplinas e pelo apoio de todas as nações. Esse trabalho deve ainda contar com a participação dos cientistas dos países em desenvolvimento e levar em conta as perspectivas nacionais e regionais que os unem.

Na Holanda, os quatro programas envolvidos na assinatura da Declaração de Amsterdã se comprometeram a (1) trabalhar em estreita colaboração com outros setores da sociedade e (2) promover um maior diálogo entre a comunidade científica e as autoridades políticas de vários níveis. Além disso, eles também fixaram como propósito a criação, formalização e consolidação de novas associações entre instituições de pesquisa universitárias, industriais e governamentais. A meta acordada na ocasião foi promover o desenvolvimento de todo o conhecimento imprescindível para uma resposta ao mesmo tempo efetiva e célere ao grande desafio imposto pelas mudanças globais.

Com a Declaração de Amsterdã, criou-se formalmente a Parceria da Ciência do Sistema Terrestre (Earth System Science Partnership - ESSP), que adotou o método proposto pelo matemático alemão David Hilbert, em 1900. Este programa se baseava em um questionário contendo 23 perguntas que, de tão fundamentais, acabariam se tornando uma espécie

CAPÍTULO 1

de roteiro para o desenvolvimento da matemática ao longo do século XX. A partir daí, a associação desenvolveu seu próprio "programa Hilbert", com 23 problemas que teriam de ser solucionados pela comunidade científica do século XXI. Estes foram dispostos em quatro blocos de perguntas com questões analíticas, políticas, metodológicas e estratégicas.[5]

Entre outras questões levantadas, estão: (1) quais são os principais padrões dinâmicos, as teleconexões e os circuitos de *feedback* no mecanismo planetário e quais são os elementos críticos (limites, gargalos, transições) no Sistema Terrestre; (2) como projetar uma estratégia global eficiente para a geração, transformação e integração de dados relevantes sobre o Sistema Terrestre e quais são as metodologias mais adequadas para a integração de conhecimentos entre as áreas de ciências naturais e as ciências sociais. A comunidade científica da associação procura definir claramente: (1) quais são os princípios gerais e os critérios para se distinguir um futuro sustentável[6] de outro não sustentável; (2) a que tipo de natureza as sociedades modernas desejam se associar; (3) quais são os princípios de justiça que deveriam reger a gestão global do meio ambiente; (4) qual a melhor combinação de medidas adaptativas e de mitigação para responder às mudanças globais; e, finalmente, (5) qual a estrutura mais eficaz e eficiente para as instituições ambientais e de desenvolvimento global?

O Programa Hilbert de Ciência do Sistema Terrestre reflete a urgência de um novo paradigma, o que, aliás, representa uma segunda revolução copernicana. Mas a que ele se refere? Na mesma medida em que o Heliocentrismo de Copérnico retirou nosso planeta do centro do palco astronômico e o substituiu pelo Sol, o programa descrito

---

5 Ayestaran Uriz, I. "Paradigmas do Conhecimento Distribuído e da Participação: Programa Hilbertiano da Ciência do Sistema Terra." Congresso Nacional do Meio Ambiente, Cúpula de Desenvolvimento Sustentável, Madrid, 01-05 dezembro de 2008. Disponível em http://www.conama9.org/conama9/download/files/CTs/2455_IAyestar.E1n.pdf%.

6 Para a edição original deste livro, o autor optou pela utilização do termo *esarrollo sustentable*, comum em todos os países de língua espanhola, exceto no México, onde se diz *desarrollo sostenible*. Ambas os termos em espanhol resultam da tradução da expressão inglesa *sustainable development*, presente no Relatório Brundtland. A tradução em português é a mesma: desenvolvimento sustentável.

anteriormente também exige que observemos a Terra de um modo reflexivo, que nos permita percebê-la como uma unidade singular, dinâmica e complexa. A partir dessa nova perspectiva, o planeta se transforma em uma rede viva e global de informações, disponibilizadas por interfaces reais e virtuais entre a biosfera (o conjunto de ambientes onde se desenvolvem os seres vivos) e a noosfera (conjunto de seres inteligentes no meio ambiente em que vivem).[7]

Essa segunda revolução copernicana implica em voltar os olhos científicos para uma Terra viva, valorizando-a como um sistema que se desenvolve em um equilíbrio termodinâmico único. Isso exige um reconhecimento de seus limites e a renúncia a uma visão determinista, incapaz de compreender processos não lineares, complexos e impossíveis de reproduzir. Isso também pressupõe aceitar a ciência como um produto inextricavelmente associado ao contexto social e cultural em que ela floresce e, como resultado disso, a própria comunidade científica – cujo trabalho, aliás, só pode ser observado como uma tarefa transdisciplinar – torna-se parte do objeto de estudo.

A primeira revolução copernicana situou nosso planeta em seu devido contexto astrofísico. A segunda, opera no sentido de colocar a humanidade em sua justa posição em relação ao meio ambiente.

Bem-estar, Sustentabilidade e Consumo

A Global Footprint Network[8] é uma organização internacional, fundada em 2003, dedicada a mensurar de maneira científica o impacto que os seres humanos exercem sobre o meio ambiente, promovendo ações no sentido de reduzi-lo. Para isso, ela se utiliza do conceito de pegada ecológica, que mede "as quantidades de terra (área) e água que uma população humana requer para produzir os recursos que consome e,

---

[7] Ayestaran Uriz, I. (2008). "A Segunda Revolução Copernicana no Antropoceno: uma Visão Geral." Revista Internacional de Sustentabilidade, Tecnologia e Humanismo, 3, 145-57. Disponível em http://upcommons.upc.edu/revistes/bitstream/2099/7083/1/ayestaran.pdf.

[8] www.footprintnetwork.org.

CAPÍTULO 1

ao mesmo tempo, para absorver seus resíduos, utilizando para isso as tecnologias predominantes."[9] Aqui é conveniente ressaltar: esses custos se referem à extração e ao descarte.

É claro que as desigualdades existentes entre comunidades, regiões e países também se refletem na pegada ecológica deixada por cada indivíduo. No entanto, tomando-se a humanidade como um todo e considerando-se o nível de consumo atual, precisaríamos de, aproximadamente, um planeta e meio – 1,4 Terras, na realidade.[10] Mas o que significa esse número? Que o nosso crescimento atual enquanto espécie utiliza os recursos do planeta de forma mais rápida do que a taxa natural de reposição. Em outras palavras, estamos "devorando" todo o cardápio planejado para hoje, e também grande parte do que foi preparado para amanhã. Todavia, vale lembrar que a população mundial atual é de 7 bilhões de pessoas, mas que em 2050 seremos 9 bilhões de indivíduos.[11] Nos próximos 20 anos, outros 800 milhões de novos ricos chineses e indianos se juntarão à população global e, provavelmente, desejarão um padrão de vida igual ao de um cidadão norte-americano de classe média. De quantos planetas precisaremos para atender a essa demanda?

Porém, se desagregarmos o consumo, veremos que alguns "convidados" do banquete são bem mais comilões que outros. Por exemplo, apesar de abrigar apenas cinco por cento da população mundial, os Estados Unidos consomem anualmente 25 por cento de toda a energia produzida no mundo.[12] Sendo assim, conforme já mencionado, se o mesmo nível de consumo dos EUA fosse estendido ao restante da humanidade, não precisaríamos de um planeta e meio para atender a demanda, mas cinco!... 5![13] Outro exemplo

---

9 http://www.footprintnetwork.org/es/index.php/GFN/page/footprint_basics_overview/
10 http://www.footprintnetwork.org/es/index.php/GFN/page/world_footprint/.
11 http://www.un.org/spanish/News/fullstorynews.asp?newsID=9007&criteria1=&criteria2.
12 Ewing B., Moore D., Goldfinger S., Oursler A., Reed A. e Wackernagel M.. (2010). A Pegada Ecológica Atlas 2010. Oakland: Global Footprint Network. Disponível em http://www.footprintnetwork.org/images/uploads/Ecological_Footprint_Atlas_2010.pdf.
13 Sobre os "devedores" e 'credores" ambientais, sugiro consultar o relatório da Footprint Network, disponível em http://www.footprintnetwork.org/es/index.php/GFN/page/ecological_debtors_and_creditors/.

de comilança desmedida foi o desmatamento maciço promovido pela China durante a segunda metade do século XX que, embora tenha permitido o desenvolvimento da indústria da construção no país e a consequente melhoria das condições de vida de centenas de milhões de chineses, representou a perda de 1,78 dólares em serviços ambientais para cada dólar obtido com a venda da madeira.[14]

"Estamos diante de evidências claras de que nosso progresso enquanto espécie dominante tem ocorrido a um custo demasiadamente elevado", diz o memorando de Estocolmo, que ainda acrescenta: "Os padrões insustentáveis de produção, consumo e crescimento populacional estão simplesmente desafiando a resistência do planeta e sua capacidade de apoiar as atividades humanas. Ao mesmo tempo, as desigualdades entre as sociedades – e dentro delas – continuam elevadíssimas, deixando milhares de milhões de pessoas insatisfeitas em suas necessidades básicas e desproporcionalmente vulneráveis às mudanças ambientais globais." Porém, enquanto alguns autores – como, por exemplo, o já mencionado James Lovelock – se revelam bastante pessimistas em relação à nossa capacidade de deter e reverter essa crise ambiental potencialmente capaz de aniquilar a humanidade, outros autores acreditam que ainda existem algumas saídas. A chave? Uma mudança profunda e radical não apenas em nossas aspirações, mas também nas bases materiais sobre as quais nos apoiamos para tentar alcançá-las.

Uma Mudança de Paradigma

Anteriormente, referi-me ao conceito de revolução copernicana e ao seu significado como transformação paradigmática. Todavia, embora este processo seja complexo e conceitualmente profundo, algumas expressões contundentes podem resumi-lo de forma rápida. "Prosperidade sem Crescimento", título de um relatório preparado

---

14 TEEB - Relatório sobre a Economia dos Ecossistemas e a Biodiversidade para Empresas - Sumário Executivo 2010. Disponível em http://www.teebweb.org/Portals/25/Documents/TEEB%20for%20Business/TEEB%20for%20Bus%20Exec%20Spanish.pdf.

CAPÍTULO 1

pelo acadêmico e economista britânico Tim Jackson,[15] é uma delas.

O trabalho enfrenta o enorme desafio de repensar a prosperidade global a partir das crises ambiental e financeira da última década. De acordo com Jackson, uma vez que os recursos naturais são finitos, o conceito de prosperidade a partir do crescimento – que, aliás, perdura até o momento – não pode continuar servindo como princípio orientador da economia e da cultura. É preciso entender a prosperidade como algo mais amplo, menos associado a materiais e/ou consumo, e mais relacionado a oportunidades de desenvolvimento pessoal, de solidariedade e de respeito ao meio ambiente. Trata-se de um caminho difícil, especialmente na crise atual, mas não é impossível percorrê-lo. Para Jackson, a atual crise pode ser uma ótima oportunidade para encararmos as mudanças e levarmos adiante o processo de reconstrução do planeta de outras maneiras que promovam uma macroeconomia sustentável, protejam os recursos e as oportunidades para o desenvolvimento social, e respeitem os limites ambientais.

Embora provocativo, sem dúvida, existem inúmeros pontos similares entre essas afirmações e as atuais referências a questões ambientais apresentadas por Richard Heinberg, "autor, educador e conferencista"[16] e Paul Gilding, "escritor independente e consultor em temas ambientais."[17] Gilding também atuou como presidente (CEO) de grandes empresas e ONGs, como o Greenpeace Internacional, a Corporação Ecos e a Easy Being Green.

Para Jackson, a ligação supostamente necessária entre prosperidade e crescimento econômico é, de fato, uma construção social moderna com altos custos humanitários (porque não atende às comunidades menos favorecidas nem garante o bem-estar das mais ricas); altos custos ecológicos (porque não leva em conta os limites

---

[15] Jackson serviu como membro do Conselho Econômico para a Comissão de Desenvolvimento Sustentável do Reino Unido (http://www.sd-commission.org.uk/index.php), de 2004 até seu encerramento em 2011. Neste período, escreveu o relatório Prosperidade Sem Crescimento: Economia em um Planeta Finito (Earthscan, 2009).

[16] http://richardheinberg.com/.

[17] http://paulgilding.com/.

ambientais); e elevados custos financeiros (já que não podemos continuar destruindo o meio ambiente sem afetar outras áreas de interesse humano). Se aceitarmos que o crescimento não é sinônimo, tampouco condição necessária para a prosperidade, talvez nossa tarefa mais urgente seja frear nosso acelerado crescimento. Segundo este autor, a crise não é o resultado de um mero erro de cálculo ou de intenções ruins por parte de apenas alguns indivíduos, mas o produto de um plano econômico–financeiro generalizado que traz em si mesmo as sementes de seu próprio colapso: a continuação e a proteção do crescimento econômico.

De acordo com Heinberg, a crise econômica internacional, iniciada em 2008, tem sido interpretada como um processo novo – embora bem conhecido – de fechamento e iniciação de um novo ciclo econômico. Diante desta situação, parece não haver dúvidas de que a saída consiste em retomar o caminho do crescimento, seja através de estímulos ao consumo ou por meio de estratégias de austeridade e ajustes. Ambas as alternativas já foram implementadas em várias partes do mundo, alcançando o mesmo resultado final: o fracasso. De acordo com Heinberg, isso ocorre pelo fato de os líderes continuarem a procurar soluções diferentes a partir de um mesmo paradigma: o constante crescimento econômico com base em um planeta cujos recursos são limitados e finitos. Embora esta suposição sempre estivesse equivocada, isso não serviu de obstáculo para os esforços de desenvolvimento econômico da humanidade até algumas décadas atrás. Porém, o atual grau de destruição dos ecossistemas e as crises ambientais vigentes estão forçando a humanidade a encarar a realidade: o crescimento chegou ao fim.[18]

Muitas vezes, tudo isso se esconde atrás dos tradicionais indicadores econômicos, como, por exemplo, o Produto Interno Bruto (PIB). Mas, afinal, o que expressa um aumento deste índice, senão um maior consumo de energia e produção de bens? Por acaso ele nos diz algo

---

18 Essas ideias são desenvolvidas e expostas por Richard Heinberg (2011) em *The End of Growth – Adapting to Our New Economic Reality* (O Fim do Crescimento – Adaptando-se à Nova Realidade Econômica) (Gabriola Island: New Society Publishers).

sobre o modo como exploramos os serviços ambientais? Um aumento repetido no PIB, seja em uma economia emergente ou desenvolvida, indicaria que esta tendência poderia continuar indefinidamente? Jackson desmente o mito da dissociação *(decoupling)*, segundo o qual, o mesmo desenvolvimento tecnológico que colabora para o aumento de nossa eficiência causaria uma redução no impacto ambiental de nossas atividades produtivas. Ela nos mostra que essa desagregação relativa (a redução do impacto ambiental pelo aumento no PIB) é insuficiente para alcançarmos as metas ambientais. Ele também afirma que é preciso se levar em conta o equilíbrio global, não de cada país, uma vez que as nações mais desenvolvidas tendem a terceirizar a fabricação de seus produtos e, consequentemente, a poluição gerada nesses locais por conta dessa prática.

Para Heinberg, devemos enfrentar o desafio de mudar nossa forma de organizar nossas economias a partir de bases conceituais distintas, adotando práticas capazes de encarar as restrições que nos são impostas pelo meio ambiente e, ao mesmo tempo, de criar condições para o desenvolvimento de uma vida digna para toda a humanidade. Jackson, dentro de um raciocínio similar, planeja desenvolver um novo modelo macroeconômico, no qual a estabilidade, a atividade econômica e o crescimento não se mostrem tão dependentes de consumo, mas ocorram dentro dos limites da sustentabilidade ambiental. Ou seja, é preciso definir novas estratégias a partir de um paradigma diferente.

Novas Aspirações

Mas se o paraíso econômico não está em uma economia em constante crescimento, onde ele estaria?

Para o prêmio Nobel de Economia de 1998, o bengalês Amartya Sen, a prosperidade deve estar associada ao gozo efetivo da capacidade de florescimento do ser humano: de se manter saudável, ter acesso a oportunidades, participar da sociedade e manter vínculos. A prosperidade nos remete à habilidade de vivermos dentro de limites claramente definidos pela equidade social e pelo meio ambiente.[19]

Esta, aliás, é a mesma ótica de Heinberg, que argumenta que podemos melhorar significativamente nossa qualidade de vida sem elevarmos nosso nível de consumo, apenas elevando a produção de bens sociais, principalmente os relacionados à cultura e aos cuidados com o meio ambiente: este, aliás, deverá ser o novo indicador de progresso.

De acordo com Jackson, a prosperidade é a capacidade de atingirmos maior coesão social e níveis mais elevados de bem-estar, ao mesmo tempo em que garantimos uma redução nos impactos causados ao ambiente. Embora qualquer conceito de prosperidade pressuponha a existência de uma sólida base material, esta não pode se mostrar limítrofe à abundância, que deve incluir, entre outras coisas, a participação livre do ser humano na vida social, um vínculo ético e moral com os outros e uma sensação de plenitude. Como se pode perceber, dentro desta visão, prosperidade e felicidade são dois conceitos relacionados.

Talvez algumas dessas definições soem um tanto idealistas. No entanto, percebo que elas explicam relativamente bem o impasse em que nos encontramos. A perda de biodiversidade, a poluição dos oceanos, o aquecimento global, entre outros, são fenômenos que têm aumentado de maneira exponencial. A humanidade como um todo se assemelha a um trem desgovernado que segue rumo a uma grossa parede de concreto a mais de 300 quilômetros por hora. A forma como usamos e consumimos os recursos do planeta é insustentável e precisa mudar.

Jackson propõe uma alternativa para o aumento nos gastos públicos, que se assemelharia ao New Deal[20] norte-americano (Novo Acordo): seria o "Novo Acordo Verde". A ideia consiste em aproveitar os gastos para investir nas tecnologias necessárias para enfrentar os problemas ambientais do nosso século, principalmente as alterações climáticas e a produção de energia limpa. Além disso, ele relaciona essa nova

---

19 Amartya S. *et al.* (1985). O Padrão de Vida. (As Palestras Tanner). Cambridge: Clare Hall.

20 Referência ao conjunto de medidas econômicas criado no governo de Franklin Delano Roosevelt (1933-1945) para garantir o pleno emprego dos trabalhadores depois da crise de 1929. (N.T.)

prosperidade à possibilidade de as pessoas conseguirem desfrutar de empregos mais estimulantes, com as quais consigam se identificar.

Muitos, como Gilding,[21] afirmam que essa mudança é inevitável, simplesmente porque já não temos escolha: defender, proteger e cuidar do meio ambiente significa pura e simplesmente defender, proteger e cuidar do capital básico de nossa própria economia. E esta não é uma descoberta do século XXI, mas uma observação feita por John Stuart Mill, filósofo inglês do século XIX, em seus Princípios de Economia Política: o crescimento pode ser infinito, mas não no plano material, e sim no moral e cultural. Menos trabalho, menos dívidas, menos coisas. Mais diversão, mais vida em comunidade e mais segurança. Este é o "programa" proposto por Gilding. Podemos adotá-lo, ampliá-lo, simplificá-lo e enriquecê-lo. O que não podemos fazer é deixar de compreender as mudanças urgentes que esse momento histórico nos exige.

Estamos Caminhando

A crise ambiental e a irracionalidade ainda predominam, e são absolutamente inegáveis. Aliás, tão inegáveis quanto resultantes de uma forma diferente e revolucionária de nos organizarmos, interagirmos, pensarmos e vivermos: uma rede colaborativa, possibilitada e catalisada pela *web* 2.0.

Tal como mencionei em minha apresentação durante a TEDxBuenosAires,[22] acredito que existam dois obstáculos que a humanidade precisará superar para tornar o desenvolvimento sustentável possível. O primeiro é a falta de consciência para criar um novo paradigma; o segundo é a inexistência das ferramentas intelectuais necessárias para gerenciá-lo.

Atualmente estamos enfrentando problemas extremamente complexos e imprevisíveis – talvez o maior desafio que a humanidade já enfrentou em

---

21 Gilding, P. (2011). A Grande Ruptura. Por que a Crise Climática Trará o Fim do Consumo e o Nascimento de um Novo Mundo. Nova York: Bloomsbury Press.

22 "O Despertar da Consciência?" TEDxBuenosAires 2011, 8 de abril de 2011. Disponível em http://tedxbuenosaires.org/?page_id=3237.

toda a sua história. A própria sobrevivência de nossa civilização dependerá de nossa capacidade de compreendê-los e resolvê-los. No entanto, apesar da situação atual, mantenho-me otimista. Estou plenamente convencido de que a rápida evolução dos meios de comunicação social nos fornecerá o caminho para que consigamos superar os obstáculos. Também estou certo de que estamos desenvolvendo um ambiente que nos possibilitará avançar rumo a um novo nível de consciência planetária. Esta, por sua vez, estará imbuída de abertura, horizontalidade, diversidade e criação coletiva – o mesmo DNA que constitui e faz funcionar a *web*. Acredito firmemente que pessoas conectadas conseguirão construir um mundo melhor. No próximo capítulo apresentarei todas as fontes e reflexões que me permitirão sustentar esse raciocínio.

CAPÍTULO 2

Um Salto na Consciência

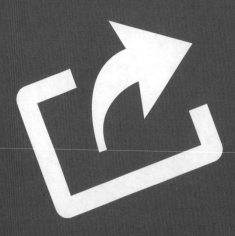

Em seu livro *O Despertar da Cultura*, (Zahar, 2005), Richard G. Klein descreve como as primeiras redes de colaboração foram estabelecidas pelos seres humanos há 50 mil anos. A teoria de Klein se baseia em uma descoberta do antropólogo Stanley Ambrose, que teria encontrado enterrados em uma caverna na costa ocidental do Lago Naivasha, no Quênia, algumas cascas de ovos de avestruz esculpidas com círculos de aproximadamente seis milímetros de diâmetro.

Achados semelhantes em cavernas da Tanzânia e da África do Sul indicam que esses pequenos objetos desempenharam um papel fundamental na sobrevivência dos seres humanos que os utilizavam: eram símbolos que os membros das comunidades primitivas da região trocavam entre si para estabelecer laços de colaboração. Eles representavam um compromisso mútuo entre os vários grupos vizinhos, e garantia a todos os integrantes a ajuda e o apoio de que precisariam caso fossem afetados pela seca ou por algum outro tipo de desastre. Eles também permitiam àqueles que os possuíssem adentrar os territórios uns dos outros em busca de refúgio.

Desse modo, o homem passou a permutar símbolos como uma forma de fortalecer parcerias. Por meio do desenvolvimento de diferentes linguagens – ou seja, de sistemas simbólicos distintos – ele conseguiu canalizar ações coletivas que lhe permitiram evoluir enquanto espécie. Isso se mostrou verdadeiro tanto em relação à caça – que, organizada de maneira coletiva, proporcionou inúmeros benefícios em comparação àquela exercida individualmente – quanto à agricultura, à vida em comunidade e ao desenvolvimento da ciência e da tecnologia.

CAPÍTULO 2

O alcance de cada patamar evolutivo da humanidade foi impulsionado pelo desenvolvimento de uma nova linguagem que favoreceu uma forma distinta de colaboração e, ao mesmo tempo, funcionou como um mecanismo que permitiria realizar ações coletivas em prol de um bem comum. Portanto, graças à capacidade de colaboração impregnada em seu DNA, a humanidade foi capaz de evoluir, e os seres humanos, de sobreviver.

De acordo com minhas experiências pessoais nessa investigação e no uso da *web* e de suas ferramentas participativas, posso afirmar que, atualmente, a capacidade de colaboração entre os homens – inerente à própria condição humana – encontra-se mais forte do que nunca. Aliás, através da utilização dessas ferramentas e redes sociais, os seres humanos estão aprendendo um novo idioma que, pela primeira vez na história, cria condições e fornece as ferramentas necessárias para uma participação massiva da sociedade. Por conseguinte, se adquirirmos a consciência do enorme perigo que paira sobre nós – resultante de nossas próprias ações predatórias sobre os recursos planetários –, encontraremos na própria *web* toda a infraestrutura de que precisamos para aprimorar as competências e habilidades intelectuais que nos permitirão comandar a transição rumo a um novo paradigma e iniciar uma ação restauradora do planeta.

Todavia, é preciso refletir sobre algumas questões: Quais são os atributos dessa linguagem? De que competências e habilidades precisamos para podermos utilizá-la? Por que a linguagem da *web* pressupõe um gigantesco salto de consciência na história da humanidade, capaz de facilitar o acesso do homem a meios de vida e de desenvolvimento sustentáveis?

As Seis Linguagens Humanas

O professor Robert K. Logan – um dos principais expoentes da Escola de Comunicação de Toronto, ao lado de Harold Innis e Marshall McLuhan – define a linguagem como um organismo vivo e em constante evolução, cujo desenvolvimento afeta o funcionamento cognitivo e social dos seres humanos, ou seja, a maneira como produzimos, transmitimos e interpretamos conhecimentos.

De acordo com a revolucionária teoria desse colaborador direto de McLuhan – atualmente uma das maiores referências no conceito de "Ecologia da Mídia"– todas as linguagens surgiram em resposta à necessidade do ser humano de processar uma sobrecarga de informações. Ou seja, cada vez que o homem se via incapaz de organizar as informações recebidas – de maneira inteligível não apenas para si mesmo, mas para todos ao seu redor – utilizando-se dos sistemas simbólicos já existentes, ele criava uma nova linguagem.[1]

Robert K. Logan nos fornece uma genealogia das linguagens humanas, segundo a qual cada forma surge da necessidade de o ser humano não apenas de se comunicar, mas também de processar informações e, assim, compreender o mundo. Segundo este importante cientista e pensador contemporâneo, a estrutura da linguagem impacta de maneira decisiva o modo como as pessoas organizam as informações e desenvolvem seu raciocínio.[2]

Com base em extensas pesquisas no campo da educação, Logan identifica seis linguagens diferentes que se associam, de modo específico, com uma fase evolutiva de nossa espécie: a fala, a escrita, a matemática, a ciência, a computação e a internet.

A origem da palavra. A língua falada surgiu há cerca de 50 mil anos, na savana africana, onde nossos antepassados eram um alvo fácil para diversos predadores. De acordo com a teoria de Logan, para se defender contra esta ameaça e, ao mesmo tempo, aumentar suas provisões de alimentos, os hominídeos – nome atribuído aos

---

[1] Logan, R.K. (2000) *The Sixth Language: Learning a Living in the Internet Age* (A Sexta Linguagem: Aprendendo a Viver na Era da Internet). Toronto: Pub Stoddart

[2] Logan, R.K. (2004). *"The Extended Mind Model of the Origin of Language and Culture, em Proceedings of the Media Ecology Association"* (Modelo de Mente Estendida da Origem da Linguagem e da Cultura, em Anais da Associação da Ecologia das Mídias). Volume 5, do Departamento de Física da Universidade de Toronto (2004). Disponível em http://w.media-ecology.org/publications/MEA_proceedings/v5/Logan05.pdf.

CAPÍTULO 2

antepassados humanos – tiveram de adquirir novas habilidades, o que incluía a fabricação de ferramentas, o domínio do fogo, a organização coletiva da alimentação e a caça em grupo. Tais atividades levaram a uma forma mais complexa de organização social, o que, por sua, vez aumentou a complexidade de suas vidas. Afinal, para realizar o trabalho necessário em conjunto os hominídeos precisavam colaborar entre si: planejar, atribuir funções e intercambiar informações.

No início, a complexidade envolvida na organização dessas atividades grupais permitia que seu gerenciamento fosse feito por meio de respostas gestuais que ostentavam diferentes níveis de sofisticação. Porém, à medida que essas ações coletivas se multiplicaram, esta forma de resposta se tornou insuficiente. O cérebro dos hominídeos já não conseguia lidar com essa troca de dados baseando-se unicamente em percepções sensoriais de objetos e situações específicas. A sobrecarga de informações, assim como o próprio caos gerado por ela, deu lugar à linguagem verbal. Por sua vez, o nível de abstração necessário para a compreensão dessa linguagem verbal fez surgir o pensamento conceitual.

Portanto, a língua falada nasceu como um sistema de símbolos que permitiu a nossos ancestrais primitivos representarem o ambiente em que viviam. Ao começar a utilizar esse sistema, os hominídeos se tornaram humanos. Mas, de acordo com as investigações de Logan, como e quando essa transformação ocorreu? No momento em que as percepções – impressões diretas do mundo exterior, que sempre se referem a situações específicas do presente – se revelaram insuficientes para explicar um mundo complexo. Desse modo, ao perceber que necessitava de ferramentas para compreender seu próprio ambiente, a mente dos hominídeos desenvolveu o que denominamos "conceitos".

Conceitos são ideias abstratas que resultam da generalização de exemplos específicos. Eles permitem ao ser humano representar – e processar mentalmente – objetos e informações que não se encontram no aqui e agora, mas em locais e tempos remotos. Ao contrário das percepções, que são exclusivas, concretas e estão associadas a casos específicos, os conceitos são abstratos, gerais e se aplicam a várias situações e a muitos eventos distintos. Eles podem ser combinados a outros conceitos e a outras percepções para ampliar sua multiplicidade, o que é impossível de se fazer com as percepções, que são sempre únicas e individuais.

Embora Logan acredite que a palavra falada seja o meio pelo qual os conceitos são expressos ou representados, não existe, segundo o próprio pensador, uma relação causal entre ambos os fenômenos. A linguagem não dá origem aos conceitos, tampouco os conceitos originam o discurso oral. A fala e a conceitualização surgiram exatamente ao mesmo tempo, quando as condições necessárias para seu aparecimento conjunto foram criadas. Linguagem verbal e pensamento conceitual são duas partes relacionadas de um mesmo sistema cognitivo dinâmico – a mente humana –, cujo desenvolvimento simultâneo é produto de um processo recíproco de alimentação e catalisação.

Escrita e matemática. Segundo a teoria de Logan, na história evolutiva da linguagem, a escrita e a matemática foram as sucessoras do discurso oral. Ambas surgiram em um mesmo momento – por volta do ano 3000 a.C. – para que o homem pudesse controlar e administrar o comércio dos bens agrícolas que começavam a surgir nas cidades-estado da antiga Suméria. O nascimento da escrita e da matemática levou ao aparecimento das primeiras escolas da história. O objetivo dessas instituições era promover o desenvolvimento de competências associadas justamente a essas duas formas de linguagem.

Ciência e computação. A quarta linguagem, a ciência, surgiu aproximadamente mil anos após a escrita e a matemática. Ela representava um sistema organizado de conhecimentos que introduzia uma ordem lógica ao fluxo incessante de informações derivadas da evolução tanto da escrita quanto da matemática.

A computação, por sua vez, nasceu no século XX a partir da necessidade de se codificar a multiplicidade de conhecimentos obtidos por meio da ciência e da tecnologia. A internet, a linguagem mais recente, foi criada para desenvolver habilidades que possibilitasse a administração da enorme sobrecarga de informações gerada pela computação e, ao mesmo tempo, para permitir a comunicação dessas mensagens a um volume crescente de indivíduos.

Internet, a sexta linguagem. Apesar de cada linguagem ter sido construída com base na anterior, e representar uma evolução (não sem avanços e retrocessos) caracterizada por diferentes padrões de comunicação, retrospectivamente, parece que a transição de uma linguagem para a outra tem ocorrido em períodos cada vez mais curtos: como seres humanos contemporâneos, acompanhamos o surgimento e o desenvolvimento de duas dessas formas de linguagem: a computação e a internet.

Logan argumenta que a internet é a única linguagem humana que conta com sua própria semântica e sintaxe (hipertextos e hiperlinks), e atribui cinco características que a diferenciam da anterior: comunicação bidirecional; fácil acesso a informações; aprendizagem contínua (ferramentas em constante atualização e aprimoramento); integração (dos usuários); e organização em comunidade (possibilidade de fazer parte de um grupo de indivíduos que compartilham os mesmos interesses).

A caracterização da linguagem apresentada por Logan nos surpreende pela total coincidência com os atributos que, através de minhas próprias pesquisas e experiências, identifico como pertencentes à lógica da *web*:

- Bidirecionalidade de mensagens, ou seja, alternância nas funções de emissor e receptor;
- Acessibilidade e possibilidade de compartilhar informações de modo massivo;
- Ferramentas em constante estado de atualização e melhoria;
- Integração dos usuários e possibilidade de criação de grupos de indivíduos com interesses comuns.

No entanto, o que mais surpreendente no trabalho do Logan é a estreita relação que o autor estabelece entre o surgimento de diferentes linguagens e a possibilidade de se organizar o ambiente ao redor delas de maneira inovadora, ao mesmo tempo em que as comunicamos e compartilhamos com os outros.

Conforme já mencionado no início deste capítulo, quando discorremos sobre as descobertas do antropólogo Stanley Ambrose, no Quênia, acredito que o homem tenha criado a linguagem para facilitar sua capacidade inata de colaboração, e que, a partir daí, empenhou-se no desenvolvimento de vários sistemas simbólicos, cada vez mais sofisticados, para continuar cooperando em ambientes cada vez mais complexos. Neste sentido, a internet é uma linguagem que, como nenhum outro sistema, potencializa o exercício dessa capacidade. Porém, ela também é um meio de comunicação e, como tal, desempenha um papel decisivo na evolução da consciência humana. Combinando colaboração, poder, comunicação e conscientização, poderemos finalmente imprimir as mudanças necessárias para que a humanidade garanta sua viabilidade como espécie.

O Papel da Mídia na Vida Humana

Na seção anterior, sobre a teoria da linguagem de Robert K. Logan, especificamente em suas referências à internet, ao público usuário e aos termos transmissor, receptor e mensagem – que nos remetem ao modelo de comunicação de Jakobson[3] –, introduz-se o conceito de mídia. De fato, seria impossível falar em linguagem, muito menos em internet, sem fazer referência à mídia, e especialmente aos meios de comunicação como espaço de expressão ou como a própria expressão da linguagem.

Na verdade, praticamente inexiste qualquer âmbito humano que não tenha sido modificado pelos meios de comunicação, de algum modo. Por

---

3 Embora a autoria do modelo de comunicação que explica como as mensagens são transmitidas entre emissor e receptor, usando um canal (ou meio) e um código (ou língua) conhecidos por ambos os interlocutores, seja tradicionalmente atribuído ao linguista russo Roman Jakobson, agora essa autoria se encontra em discussão.

CAPÍTULO 2

exemplo, a instalação dos cabos de telégrafo, na primeira metade do século XIX, possibilitou não somente a troca de mensagens entre parentes que viviam em diferentes países, mas também o nascimento das agências de notícias e dos laços de assistência mútua entre França, Grã-Bretanha e Estados Unidos, que, aliás, sobreviveriam a duas guerras mundiais. Da mesma maneira, a internet – enquanto linguagem de colaboração por excelência –, está modificando radicalmente o modo como vivemos.

Atualmente, grande parte de nossa vida social se desenrola no universo virtual. Trocamos mensagens e conversamos com familiares, amigos e conhecidos. Compartilhamos imagens atuais e do nosso passado; informamos nosso paradeiro por meio de *tweets* e respondemos voluntariamente – e mais de uma vez por dia – à célebre pergunta do Facebook: "No que você está pensando?" Ao longo do dia, formulamos e respondemos perguntas, expressamos nossas opiniões e nos juntamos a fóruns virtuais onde participamos de debates sobre ideias, tendências, serviços ou governos. Pedimos e oferecemos conselhos a amigos, conhecidos e desconhecidos. Aventuramo-nos na criação e no compartilhamento de conteúdos em nossos próprios blogues ou em outras comunidades. Compartimos músicas, fotos, textos, vídeos e notícias.

Na hora de consumirmos, não consultamos as páginas da *web* somente para ver o que as empresas e os profissionais têm a nos oferecer, mas também para adquirir os mais diversos produtos – alimentos, livros, cursos etc – pela própria internet. Contratamos serviços turísticos, buscamos aconselhamento nutricional e solicitamos entregas. Fazemos nossas reivindicações e tornamos públicas nossas experiências – satisfatórias ou não – com marcas e serviços. Pagamos nossas contas, iniciamos negócios e acompanhamos os trâmites de nossas solicitações.

Também trabalhamos de maneiras até então inéditas, uma vez que a *web* interrompe quaisquer limitações e define novos contornos físicos, geográficos e temporais. Hoje podemos trabalhar em casa, em um café ou até mesmo na sala de espera em um consultório médico. Somos capazes de consultar nossos colegas onde quer que eles estejam – a poucos metros de distância no escritório, em um cliente do outro lado

Um Salto na Consciência

da cidade, na outra extremidade do país ou até do planeta –, desde que estejamos *on-line*. Podemos preparar documentos e gerenciar projetos conjuntos independentemente da localização de cada membro do grupo.

Cada uma dessas ações envolve experimentações com o meio e com suas ferramentas, e implica em nos tornarmos verdadeiros protagonistas nesse novo cenário. Isso significa deixarmos de lado o papel passivo de meros usuários iniciantes, espectadores ou consumidores de informações enlatadas e nos transformarmos em usuários geradores de conteúdo próprio, em publicadores e divulgadores de ideias. Um usuário que, com base em seus próprios negócios, constrói seu perfil e contribui para a criação coletiva de conteúdos e produtos de interesse, deixa de ser apenas um mero consumidor para se tornar um **prosumidor**.[4]

Neste contexto, que propicia um conjunto de experiências inovadoras – conhecido, genericamente, como "experiência do utilizador"[5] – e, ao mesmo tempo, está sob a influência dessa nova forma de organização de informações (a qual, por sua vez, corresponde a uma nova forma de organizar todo o ambiente humano), os meios de comunicação tradicionais tendem a parecer cada vez mais limitados.

Queremos discutir, debater e compartilhar nossas ideias e nossos projetos com pessoas que tenham interesses comuns, independentemente de onde elas vivam. O tempo todo, buscamos, criamos e utilizamos diferentes ferramentas para alcançarmos tal objetivo. É por isso que as redes sociais, cujo número de participantes cresce em um ritmo alucinante, são constantemente desafiadas em suas possibilidades a partir de uma participação ativa e inquieta de seus membros. As imagens

---

4 Termo cunhado pelo escritor e especialista em futurologia Alvin Toffler, em seu livro *A Terceira Onda* (Record, 1982). Atualmente é aplicado a usuários de mídias e serviços que são, simultaneamente, consumidores e produtores de conteúdo. Fonte: http://es.Wikipédia.org/wiki/Prosumidor.

5 Conjunto de fatores e elementos relativos à interação entre o utilizador e o ambiente ou dispositivo específico, cujo resultado é a geração de uma percepção positiva ou negativa do produto, serviço ou dispositivo. A experiência do usuário não depende apenas de fatores relativos ao projeto (*hardware, software*, usabilidade, *design* de interação, acessibilidade, *design* gráfico e visual, e qualidade do conteúdo, etc.), mas também de aspectos relacionados a emoções, sentimentos, à construção e transmissão da marca, à confiabilidade do produto etc. Fonte: http://es.Wikipédia.org/wiki/Experiencia_de_usuario.

CAPÍTULO 2

de estudantes compartilhando conteúdos *on-line* e recorrendo a fóruns para discutir os temas abordados nas aulas, e de professores criando sites para debater e coordenar seus cursos, assim como o crescimento incipiente das cátedras universitárias de gestão horizontal, são apenas uma pequena amostra do significado do paradigma da colaboração na era das redes sociais e das ferramentas participativas da *web*.

Não se trata, portanto, de uma simples mudança de forma, mas de uma revolução completa, de uma mudança radical. As transformações promovidas pelas redes e pela *web* colaborativa repercutem no modo como agimos, como nos comunicamos e como atuamos enquanto seres humanos, ao ponto de não continuarmos simplesmente fazendo o mesmo de outro modo, mas de fazermos algo diferente e de uma maneira completamente inovadora.

Ao longo de pouco mais de uma década, a *web* experimentou um crescimento explosivo. De fato, trata-se, com certeza, do mais célere desenvolvimento de um meio de comunicação na história da humanidade. Atualmente, ela está associada a quase todas as áreas de atividade humana. A este respeito, a história já nos mostrou que, com o surgimento de cada nova linguagem e cada novo meio de comunicação, sempre houve outra/outro imediatamente anterior e posterior. Esta não será a exceção. E é justamente por isso que, no próximo capítulo, abordaremos a Teoria das Mídias, desenvolvida por Marshall McLuhan.

CAPÍTULO 3

A Teoria das Mídias

O primeiro pensador a enfatizar o poder formador e, ao mesmo tempo, transformador que as mídias exercem sobre os seres humanos foi o canadense Marshall McLuhan, criador da Teoria das Mídias e também o professor de Robert K. Logan, autor da tese discutida no capítulo anterior.

Considerado, em algumas ocasiões, como "o sumo sacerdote da cultura de massa e o metafísico das mídias,"[1] McLuhan investigou todo o impacto causado pelos meios de comunicação ao longo da história. Neste sentido, ele partiu de dois pressupostos básicos: (1) todos eles são uma extensão do ser humano e de seus sentidos;[2] e (2) qualquer mudança que ocorra nesses meios promoverá uma transformação fundamental nas pessoas e no meio em que elas vivem.

O estilo provocativo de McLuhan, assim como a forma deliberadamente assistemática com que ele apresentava suas ideias, tornaram sua obra incomum. No entanto, ela é extremamente

---

[1] *The Playboy Interview* (A Entrevista para a Playboy): Marshall McLuhan, Revista Playboy (1969).

[2] É importante notar que entre os "meios" a que ele se refere McLuhan não estão apenas aqueles tradicionalmente entendidos como tal, mas também toda a tecnologia que acompanha o corpo humano e seus sentidos. Isso inclui a linguagem, o vestuário, os acessórios, as mídias etc. Considerando-se que todos esses recursos constituem extensões ou ampliações de algum órgão, sentido ou função humana (vestuário, a pele; o alfabeto, os olhos; e assim por diante), cada um deles determina diretamente nossa corporalidade, psique e sociabilidade. Por isso, para McLuhan, estudar nosso entorno tecnológico, e as consequências que ele exerce sobre a psique e a sociedade em que vivemos, resulta indispensável para que compreendamos o modo como suas transformações nos afetam.

CAPÍTULO 3

inovadora e até mesmo perturbadora pela correção de sua tese central. Vale lembrar, todavia, que esse trabalho permaneceu esquecido desde a morte de seu autor, em 1980, até a explosão da mídia digital – algo que, aliás, muitos consideram uma profecia do teórico canadense.

A tese central de McLuhan é expressa na célebre sentença "o meio é a mensagem", cuja explicação é a seguinte: o intercâmbio mais relevante e crucial entre as pessoas não depende do que é comunicado (da mensagem), mas sim do modo como o comunicamos (do meio). De acordo com este pensador, cada nova tecnologia de comunicação (a oralidade, a escrita, a impressão, a radiodifusão e a *web*) atende a uma lógica própria e introduz uma transformação revolucionária tanto no indivíduo quanto na sociedade. Sua implementação não transforma nem enriquece o horizonte humano, mas reconfigura sua raiz.

Em plena sintonia com a teoria dos meios de comunicação de McLuhan – que atualmente investigamos e experimentamos com a *web* e com todas as possibilidades que esta nos oferece –, percebemos que, para compreendermos e, ao mesmo tempo, nos reposicionarmos dentro desse novo contexto (que define este meio e suas ferramentas participativas), temos de descobrir e aprender sobre essa nova lógica dominante. Também precisamos desenvolver uma nova consciência e concretizar novos valores para firmar as bases de uma nova ética

É óbvio que é bem mais fácil dizê-lo que colocá-lo em prática. Negar a diferença e tentar assimilar o novo em vez daquilo que já é conhecido, intencionalmente ou não, parece ser a reação mais espontânea e comum entre os seres humanos. McLuhan descreve tal atitude como "observar o presente por um "espelho retrovisor" (do inglês, *rear-view mirror*), que consiste em nos conduzirmos por novos cenários como se todas as paisagens nos fossem perfeitamente conhecidas – paisagens estas que, de fato, estamos abandonando –; deixando-nos guiar pelo que vemos no retrovisor, em vez de enfrentarmos as novidades que temos diante de nossos olhos.

Mas, afinal, em que situação nos deixa essa maneira de abordar, ou, se preferir, de resistir a essa mudança? Parafraseando Sigmund Freud, em um estado que Marshall McLuhan denominou "Narcose de Narciso", que leva as pessoas a permanecerem "anestesiadas" em relação às novas realidades; cegas para os efeitos psicológicos e sociais das novas tecnologias. Em minha opinião, trata-se da mesma narcose que intoxica aqueles que não "escutam" as mensagens intercambiadas pelos "indignados" da Europa e dos Estados Unidos por meio das redes sociais.

A mudança radical nos modos de pensar e ver o mundo, impulsionada por novos meios de comunicação – como no caso da radiodifusão –, tem gerado uma nova consciência na humanidade. O paradigma da colaboração, as habilidades, os hábitos e os valores promovidos por esta linguagem estão fazendo com que o feitiço de Narciso comece a se dissipar.

No entanto, a Narcose de Narciso faz com que ainda sejam poucos os que percebem a situação. Mais uma vez, a humanidade precisa perceber que adentramos uma nova era. Uma vez mais temos de nos preocupar em compreender o funcionamento de cada novo meio de comunicação para que possamos utilizá-los a nosso favor: temos de parar de observar e entender nossa realidade através do "espelho retrovisor" e começar a encará-la de frente, a partir de uma nova lógica.

Nosso "espelho" ainda reflete uma era industrial que atingiu o hiperconsumismo, a superprodução e a superexploração dos recursos naturais, atitudes que têm empurrado a humanidade para um abismo. É hora de olharmos para frente e encararmos uma grande transformação. Os ensinamentos de McLuhan inspiram em mim o otimismo de que seremos capazes de realizá-la.

Uma Breve História sobre os Meios de Comunicação

A revisão histórica que McLuhan nos oferece sobre as mudanças provocadas por cada novo meio, e também sobre as consequências dessas mudanças em diversos âmbitos sociais, podem nos ajudar (1) a compreender melhor as maneiras pelas quais as pessoas se interconectam através da tecnologia utilizada nos atuais meios de comunicação; e (2) a vislumbrar os riscos e as oportunidades decorrentes do próprio contexto que eles definem.

CAPÍTULO 3

Marshall McLuhan detectou quatro momentos cruciais na história da humanidade que implicaram não somente em uma mudança nos seres humanos, no ambiente em seu entorno e nas formas de interação social, mas também em uma transformação radical no pensamento e na consciência sobre nós mesmos. Estes marcos são: a oralidade das culturas tribais; a introdução da escrita fonética; a impressão; e a radiodifusão.

Oralidade (até 500 a.C). Na fase que antecedeu a introdução da escrita fonética – em uma espécie de pré-história dos meios de comunicação – a cultura se revelava predominantemente oral, caracterizando-se por uma convivência harmoniosa entre seres humanos quase indiferenciados, a partir do ponto de vista de sua hierarquia social. Relações estreitas, forte interdependência e possibilidades quase iguais de acesso ao conhecimento disponível faziam com que as distinções entre o público e o privado se mantivessem difusas, ao mesmo tempo em que facilitavam que as decisões fossem tomadas de modo coletivo. Sendo uma cultura oral, a audição era o sentido privilegiado que – ao contrário da visão, segundo o autor – permitia o desenvolvimento harmonioso dos demais. A oralidade da cultura também significava a não existência entre os indivíduos de diferenças significativas em termos de conhecimentos ou capacidades intelectuais, o que facilitava a horizontalidade social dentro de espaços reduzidos.[3] Não há dúvida de que o estilo de vida nômade, tão comum nestas sociedades, não favorecia a definição de papéis ou hierarquias fortes, ao contrário do que aconteceria mais tarde com os povos sedentários, em que as relações com a ideia de domínio, a disposição e a gestão dos territórios ocupados e seus recursos, e também o nível de conhecimento alcançado, começariam a definir estratificações mais ou menos profundas entre os grupos sociais. Ao discutirmos sobre comunidades virtuais, veremos que ali estão compartilhadas algumas características-chave da oralidade.

---

[3] Em seu livro *No Sense of Place* (Sem um Sentido de Lugar), (1985, Oxford: Oxford University Press), Joshua Meyrowitz discorre sobre o paralelismo entre as sociedades primitivas ("caçadores-coletores") e nossa realidade atual de Aldeia Global. Voltaremos a esse tema mais adiante.

Escrita Fonética (500 a.C. – 1500 d.C.). A invenção dos símbolos escritos significou uma mudança radical e irreversível no mundo: a igualdade entre as pessoas chegara ao fim, uma vez que, a partir daquele momento somente os alfabetizados teriam acesso ao conhecimento[4] – um bem que se tornaria a herança de uns poucos e daria a essas pessoas especiais o poder de decidir sobre todos os demais. A escrita fonética originou os conceitos de "especialista" e "perito", ou seja, pessoas que sabiam muito sobre bem pouco. Do ponto de vista físico-psíquico, o sentido da audição deu lugar ao da visão, que, por sua vez, também acabaria marginalizando e entorpecendo os outros sentidos. A consciência visual, ao contrário da auditiva, aumentaria a consciência fragmentada. Dessa mudança derivaram as principais noções da civilização ocidental, dentre as quais a percepção do tempo e do espaço. A escrita fonética, que relaciona símbolos sem sentido próprio (letras) a objetos do mundo, nos distanciaria definitivamente deles e determinaria o empobrecimento de nossa criatividade e de nossas emoções. De fato, apesar dos séculos que nos separam do surgimento do alfabeto, não é difícil observar a relação entre este processo de desapego das coisas, de especialização e estratificação social e a construção piramidal do poder em que prevalecem as práticas de comando e controle ainda vigentes em nossa sociedade, que – gostemos ou não – estão presentes em um grande número de desenhos organizacionais.

Segundo McLuhan, esta ruptura introduzida pela escrita fonética duraria até o século XX, quando a radiodifusão devolveria a organicidade original ao ser humano.

Impressão (1500 – 1900). Criada por Johannes Gutenberg, em 1450, a imprensa promoveria umas das mais importantes transformações históricas de todos os tempos. Desde o seu surgimento, nem nossos corpos nem nossas mentes, tampouco a sociedade, a política ou até

---

[4] Meyrowitz segue os princípios de McLuhan ao enfatizar as consequências políticas da alfabetização: o conhecimento passa a pertencer a alguns poucos especialistas que, ao detê-lo, tornam-se capazes de decidir pelas outras pessoas. Tornam-se importantes os papeis de "especialista" e "perito," porém, na realidade, as pessoas que recebem tais denominações "sabem muito sobre bem pouco."

CAPÍTULO 3

a religião jamais seriam os mesmos. Do ponto de vista individual, a entrada dos livros na vida cotidiana reforçou ainda mais a primazia da visão sobre os outros sentidos. A especialização e a segmentação do conhecimento, fenômenos já antecipados pela escrita fonética, terminariam de selar seu domínio e ainda resultariam no que McLuhan denominou "o Homem Gutenberguiano": um indivíduo fragmentado, individualista e separado da natureza e das outras pessoas. Enquanto isso, a "repetibilidade", ou seja, a capacidade de se copiar mais e mais textos, de alguma forma, tornava-se um padrão. Para Joshua Meyrowitz, outro especialista em meios de comunicação da Universidade de New Hampshire, nos EUA, a Revolução Industrial se firma sobre o princípio mecânico da imprensa: a produção em série de objetos idênticos a partir de uma única matriz, em velocidades até então inimagináveis e em quantidades potencialmente ilimitadas. O advento dos Estados-Nação também seria uma consequência da invenção da imprensa – que, por sua vez, abrira a possibilidade de se reproduzir mecanicamente o dinheiro e as informações – e da própria Revolução Industrial – que libertaria para homens e mercados o potencial dos meios de transporte em massa, conectando-os de maneira inédita.

Durante o chamado "Parêntese de Gutenberg" – marcado pela linearidade da escrita, pelo individualismo e pela incapacidade de o indivíduo se integrar a outras pessoas – os jornais impressos alcançariam seu apogeu como um meio de comunicação baseado na impressão e distribuição em massa de um mesmo conjunto de notícias. Leitores alfabetizados receberiam essas mensagens idênticas, mas as processariam de maneira individual e solitária – não comunitária.

Mídias Eletrônicas (a partir de 1900). Em sua sequência histórica, a última mudança registrada por McLuhan foi o surgimento das mídias eletrônicas. O telégrafo foi o pioneiro entre os meios de comunicação, seguido pelo telefone, o cinematógrafo e – já no século XX – pelo rádio e pela televisão. As transformações provocadas por essas mídias são muito mais profundas e radicais que as causados pelos meios que historicamente as precederam. De posse dos meios eletrônicos, que alcançam nossos lares praticamente como uma exteriorização do nosso próprio sistema nervoso, os homens voltaram a se integrar uns com os outros. Então, assim como a oralidade instituiu a primazia da audição e a escrita consagrou a visão, na radiodifusão o tato se tornou o grande protagonista. Como observado por McLuhan, torna-se evidente a existência de "meios quentes e meios frios". Isso depende do grau de envolvimento exigido do destinatário da mensagem, ou seja, do quanto ele terá de completar a informação que lhe foi transmitida de maneira fragmentada pelo emissor.

Esta descrição que, com grande otimismo, McLuhan costumava aplicar à televisão, se revela agora mais útil do que nunca na compreensão das novas tecnologias de comunicação: eles rompem com a lógica de um espectador passivo e propõem uma experiência integral das informações. No entanto, essa novidade não nos chega desprovida de custos: reina entre as pessoas um sentimento de confusão e desorientação à medida que elas mantêm a mentalidade correspondente ao marco anterior.[5] A única maneira de neutralizar esse sentimento é conhecendo o novo paradigma e, assim, tornando-se capaz de compreender e controlar suas forças. Segundo McLuhan, há um aspecto que, embora possa se revelar doloroso, é uma questão de sobrevivência: se quisermos dominar esta nova tecnologia que nos define, e constitui uma extensão do nosso próprio corpo, não podemos continuar em um estado de Narcose de Narciso. Neste aspecto McLuhan se mostra otimista. Graças a esses novos meios de comunicação, os seres humanos têm, ao longo de suas vidas, a possibilidade de perceber, vivenciar e processar de maneira direta as mudanças que se sucedem com enorme rapidez. Isto difere bastante do que ocorria no passado, quando a lentidão dos processos – que atravessavam várias gerações – facilitava o já mencionado

---

5 Esta desorientação é o que Meyrowitz observa como falta de senso de orientação ou de localização ("sem um sentido de lugar"). Segundo sua hipótese, que relaciona os comportamentos humanos ao "lugar social" ocupado por cada indivíduo, a grande desestruturação dos espaços sociais fizeram com que as pessoas já não soubessem que comportamentos, posturas ou papéis deveriam adotar em tempos dominados por novas tecnologias.

fenômeno do "espelho retrovisor", do qual somente os artistas de vanguarda conseguiam escapar.[6]

Paradigma 1.0: Lógica Unidirecional

Aqueles que estudam os novos meios de comunicação sabem que o paradigma 1.0 – que, na teoria de McLuhan se instituiu com a mídia impressa e se consolidou com as mídias eletrônicas ou a radiodifusão – se caracteriza pela circulação unidirecional de conteúdos a partir de um ponto de produção/emissão (um estúdio de rádio, por exemplo) até o público-alvo (telespectadores e/ou ouvintes). Os receptores não têm a oportunidade de influenciar, modificar e/ou responder aos conteúdos transmitidos, exceto por meio dos canais habilitados pelo próprio produtor-emissor (por cartas enviadas, telefonemas, e-mails, entre outros). Assim, o canal de produção de conteúdos (rádio, televisão, jornal) define a agenda de temas relevantes e o modo como estes serão tratados, sem a intervenção do público. Portanto, qualquer um que queira produzir conteúdo deverá deixar de ser público e se integrar ao âmbito dos meios de comunicação. Em suma, a transmissão de informações permite ao emissor uma distribuição massiva de conteúdos para um público que os receberá de modo passivo.

A analogia mais comum que se faz ao Paradigma 1.0 é a do ícone das ciências e da tecnologia do século XX: o átomo – símbolo máximo da simplicidade, da individualidade e da ordem.[7]

Constituído por um núcleo em torno do qual orbitam elétrons,

---

[6] "Cada era cria uma imagem utópica, uma visão retrospectiva e nostálgica de si mesmo, que nos afasta do presente. O presente é o inimigo, mas os artistas – e isso irá encantá-lo, Normam – conseguem enfrentá-lo, seja qual for a geração. O artista está preparado para estudar o presente como sua própria matéria, pois trata-se de uma área de grande desafio para a vida sensorial, sendo, desse modo, antiutópica; trata-se de um mundo de antivalores. O artista que entra em contato com o presente produz uma imagem vanguardista que aterroriza seus contemporâneos". Marshall McLuhan, entrevistado por Norman Mailer para o canal norte-americano CBC, em 1968.

[7] Kevin, K., The Electronic Hive: Embrace it (A Colmeia Eletrônica: Abrace-a). Disponível em http://www.kk.org/writings/the-electronic-hive-embrace-it.php.

o átomo aparece como um sistema de partículas, cuja estrutura e a relação entre o centro e a região periférica ostentam bordas bem definidas. Da mesma forma, na lógica da comunicação centralizada que caracteriza o Paradigma 1.0, é possível identificar um núcleo produtor de conhecimentos que se irradiam até as partículas periféricas (o público consumidor), sem que o conteúdo sofra transformações ao longo do caminho. É claro que para que o ato de comunicação seja consumado, é fundamental que o emissor e o receptor da mensagem estejam sincronizados: ou seja, os espectadores deverão estar assistindo televisão no momento em que o programa é transmitido; os ouvintes precisarão adaptar-se à grade de programação imposta pela rádio; os leitores de jornais terão de adquiri-lo ou ter acesso a ele de algum modo; e assim por diante.

No entanto, esta comunicação unidirecional não é privativa dos meios de comunicação de massa tradicionais. Na verdade, as intranets estáticas utilizadas em centenas de milhares de empresas em todo o mundo reproduzem esta mesma lógica: a partir da iniciativa daqueles que, a priori, estão autorizados a gerar informações e selecionar receptores, essas redes comunicam as informações de maneira linear, ou seja, de cima para baixo (*top-down*). Como resultado, essas mensagens se transformam em corpos estáticos que não podem ser construídos de maneira conjunta, tampouco enriquecidos por iniciativas daqueles que não foram eleitos para "formulá-las" e/ou "enviá-las".

A centralização por parte do foco emissor e a sincronização entre este e os receptores[8] resultam em uma ideia de comunicação e produção de informações e conhecimentos lineares que, por sua vez, alimentam uma noção de causalidade cujas características são idênticas. Esta é, provavelmente, a implicação mais relevante e significativa da dinâmica 1.0: ela modela e reafirma um modo de explicar e compreender a realidade.

Acostumados ao fato de a informação ser produzida em um ponto

---

8 De acordo com Ugarte, D. (2005). *El poder de lãs redes. Manual ilustrado para personas, colectivos y empresas abocados al ciberactivismo*. (O poder das redes. Manual ilustrado para pessoas, grupos e empresas emboscados pelo "ciberativismo"). Disponível para *download* gratuito em http://deugarte.com/gomi/el_poder_de_las_redes.pdf livre.

e transmitida para outro (ou outros) por meio de uma conexão espaço-temporal direta – de acordo com o já mencionado modelo de comunicação de Jakobson – não podemos deixar de considerar que o resto da realidade se desenvolve de maneira análoga:[9] eventos se originam em circunstâncias ou fatos específicos e suas consequências são experimentadas de maneira passiva.

Para alguns autores, a comunicação entendida como um processo unidirecional entre um emissor ativo e um receptor passivo instala em nós uma consciência e uma lógica empobrecidas – tornamo-nos seres cada vez mais especializados em nossos próprios conhecimentos e em nossas próprias disciplinas –, uma atitude orientada eminentemente à classificação e categorização das informações recebidas, que ignora, de modo progressivo, nossa veia mais criativa, emocional e complexa.[10]

Novas Mídias, Novas Realidades

É claro que a transformação da radiodifusão em *web* 2.0 não é única mudança nos meios de comunicação[11] ocorrida na história da humanidade. Como já revelado em parágrafos anteriores, antes do surgimento dos meios eletrônicos, testemunhamos outras revoluções quase tão extraordinariamente radicais como esta: o aparecimento da linguagem oral, da escrita, da imprensa e do telégrafo. Com cada uma dessas invenções, o espectro da comunicação humana se ampliou. Além disso, modificaram-se nossas possibilidades e maneiras de ver, interpretar e explorar o mundo ao nosso redor. Mas o que isso significa? Que, como já mencionado na teoria dos meios de comunicação, estes não constituem meros canais por meio dos quais se comunicam uma ou

---

9 De acordo com o exposto acima, a "repetibilidade" da imprensa como matriz de outros fenômenos

10 *The Playboy Interview* (A Entrevista para a Playboy): Marshall McLuhan, Revista Playboy (1969).

11 Consideramos aqui a ampla definição do termo "mídias" oferecida por McLuhan, que inclui não somente os meios tradicionais (jornais, televisão, rádio), mas também toda a produção cultural relacionada à comunicação entre pessoas. Esta, segundo o autor, provê uma extensão do sistema sensorial do indivíduo (Marshall McLuhan, ibid).

várias esferas: eles (os canais) são a própria esfera. Por esta razão, nenhuma sociedade será capaz de permanecer igual depois de incorporar uma nova mídia. McLuhan argumenta que qualquer transformação nos meios de comunicação promove uma mudança radical em nosso sistema nervoso. Isso, por sua vez, leva a consequências decisivas não apenas em todas as dimensões humanas, mas no ambiente em que evoluímos. De fato, já foi demonstrado que cada avanço tecnológico coincide com um aumento na longevidade do ser humano: a própria vida se modifica, começando pela sua duração.[12]

A escrita e, posteriormente, a impressão, permitiram a transmissão de conhecimentos e informações em escala local, regional e global. Com o advento dos meios de comunicação, as possibilidades em termo de difusão se ampliaram ainda mais, permitindo o surgimento de inovadores fenômenos culturais (o cinema e a música como fenômenos de massa, entre outros) e de uma indústria que hoje movimenta enormes somas de dinheiro. Os vínculos entre as pessoas também sofreram uma revolução e, com eles, os diversos sistemas de organização social.

Nesta linha, há aqueles que atribuem certos movimentos do século XX à nova consciência que despertou a comunicação de massa. Já de acordo com outra tese, o teórico norte-americano Joshua Meyrowitz, defende que, entre as causas dos movimentos feministas e de direitos das mulheres, que tiveram início nos anos 1960 e 1970, estão a chegada e a proliferação da telefonia e da televisão. Através desses meios, as mulheres nos Estados Unidos tomaram conhecimento de outros movimentos – principalmente graças à televisão – e, utilizando-se do telefone, formaram redes de pertencimento que lhes permitiram estar virtualmente "em outros lugares," mesmo sem sair de casa.[13]

No entanto, vistas pela ótica atual, a radiodifusão e a *web* 1.0 tendem a nos parecer cada vez mais limitadas. Começamos a desejar – e, até certo ponto, a tornar real – a oportunidade de decidir o que queremos assistir na televisão ou de transmitir nossas opiniões e alcançar um número de pessoas

---

12 Kevin, K. (2010). What Technology Wants (O que a Tecnologia Quer). Viking (e-book).
13 Meyrowitz, J. Op. Cit. pag. 309.

CAPÍTULO 3

muito superior àquele que atingiríamos se enviássemos uma mensagem aos produtores de um programa de rádio para que, eventualmente, ela fosse selecionada e lida no ar. Queremos conhecer e dialogar com pessoas cujos interesses sejam comuns aos nossos, independentemente de onde elas vivam. Contamos com ferramentas e temos ao nosso alcance a possibilidade de gerar espaços nos quais seremos capazes de compartilhar nossas ideias e construir coletivamente um conhecimento cujo valor está justamente no fato de ter sido criado em conjunto por indivíduos que falam uma mesma língua: a linguagem da colaboração.

Paradigma 2.0: Dinâmica e Linguagem da Colaboração

Estamos testemunhando o nascimento de uma nova realidade que fornece a resposta a todas essas demandas. Imagens de estudantes universitários compartilhando conteúdos *on-line* e recorrendo a fóruns de discussão para debater temas relacionados às matérias estudadas em sala de aula, e de professores criando sites para debater e coordenar seus cursos – em alguns casos, estabelecendo uma dinâmica horizontal –, são apenas pequenas amostras do real significado do paradigma 2.0.

Tal como acontecera no passado durante a introdução dos demais meios de comunicação, o advento das novas tecnologias midiáticas não provocou somente uma mudança na forma como nos comunicamos, mas também na maneira como vemos o mundo e como nos relacionamos com ele e com nós mesmos. Uma parte fundamental dessa revolução é a transição entre uma lógica de comunicação centralizada (comparável, como vimos anteriormente, à descrição de um átomo) e outra, caracterizada pela difusão ou distribuição.[14] Desse modo, enquanto no passado a informação era produzida por um centro emissor e então enviada a diversos pontos receptores, agora a comunicação se estabelece um uma rede de pontos que, de maneira simultânea, recebe, produz e distribui as informações. Já não existe,

14 Ugarte D. Ibid.

portanto, uma divisão tão clara entre produtores, emissores, distribuidores e receptores. De acordo com o editor norte-americano Kevin Kelly,[15] o paradigma anterior se identificava com a imagem de um átomo; o novo, por sua vez, encontra na rede sua configuração mais adequada – uma estrutura desprovida de centro, sem limites precisos, livre de hierarquias e em permanente movimento.[16]

De modo similar à dinâmica de um favo de mel, a internet conecta nos dias de hoje cerca de 170 quatrilhões de *chips* de computador, ou seja, 170 vezes o número 10 elevado à 24ª potência. O resultado é semelhante ao número de neurônios presentes no cérebro humano. Assim como as unidades que constituem nossas mentes, os "neurônios informáticos" realizam "sinapses": conexões ou *links* entre as páginas. Elas têm olhos (*webcams*), boca (microfone) e ouvidos (fones de ouvido), e realizam processos semelhantes ao tratamento que nosso cérebro oferece às informações.[17] Assim, a *web* pode ser vista como um conjunto de mentes interdependentes sem uma administração central. Tal estruturação conjunta permite uma produção coletiva que seria inviável e até inimaginável por suas partes constituintes isoladas, tanto no que diz respeito à quantidade quanto à qualidade. Essa configuração de rede não somente oferece mais liberdade de ação, mas também multiplica as possibilidades em termos de difusão do conhecimento e diversificação dos pontos de vista que estão disponíveis para consumo.

Além disso, a comunicação de rede torna obsoleta a distinção entre produtores e receptores de informação, tão característica do paradigma 1.0. De fato, a *web* 2.0 pode ser considerada como a expressão mais elaborada do que McLuhan denominou *cool mídia* (mídia fria). Ao contrário da *hot mídia* (ou mídia quente), que oferece informações já processadas, ou seja, que demandam pouca ou nenhuma participação do receptor, a mídia fria – como as que McLuhan viu nascer nos anos 1960 – exige um alto grau

---

15 Kevin, K., *The Electronic Hive: Embrace it* (A Colmeia Eletrônica: Abrace-a). Disponível em http://www.kk.org/writings/the-electronic-hive-embrace-it.php.

16 O leitor encontrará no Capítulo 4, "A Lógica Colaborativa das Redes", uma descrição mais pormenorizada da constituição da rede.

17 Kelly K., *What Technology Wants* (O que a Tecnologia Quer). Op.

de envolvimento por parte do receptor, que precisará completar as informações que lhe forem transmitidas de maneira fragmentada pelo emissor. O fato é que o público receptor exige agora um maior dinamismo. Para ele já não é o suficiente ler um jornal: ele quer gerar seu próprio conteúdo, dialogar, trocar informações e, coletivamente, transformar a realidade.

Isso explica a razão pela qual os meios de comunicação tradicionais (a mídia quente) têm reduzido drasticamente sua presença e seu impacto nos circuitos de comunicação e, portanto, também sua receita. No momento, os jornais impressos enfrentam uma crise sem precedentes em suas vendas desde a década de 1940.[18] Isso não significa, entretanto, que as pessoas tenham deixado de ler jornais, elas apenas o estão fazendo de outro modo. Bilhões de pessoas em todo o mundo visitam diariamente os sites desses periódicos utilizando-se de *laptops*, celulares e *tablets*.

Este processo corrobora de maneira indiscutível as famosas palavras de McLuhan: "O meio é a mensagem". O que isso significa? Que o mais importante em um intercâmbio comunicacional não é o conteúdo propriamente dito, mas o modo como somos transformados pelo tipo de experiência de troca. Sendo assim, é provável que a maior lição que aprendemos ao visitar a Wikipédia não esteja nos dados concretos que obtemos, mas na oportunidade de participarmos de uma criação coletiva: de podermos atuar como agentes da informação, não como simples receptores passivos; de nos familiarizarmos com a dinâmica, a linguagem, as ferramentas e os valores implícitos nessa colaboração.

Revolucionando a Revolução das Mídias

Como já mencionamos anteriormente, ao longo da história da humanidade sucederam-se inúmeras transformações nos meios de comunicação. Mencionamos também que, cada inovação – da linguagem

---

18 Em 2009, as vendas de jornais impressos nos Estados Unidos alcançaram 44 milhões de cópias/dia, registrando uma baixa nunca vista no país desde os anos 40. A queda foi de cerca de 1% ao ano durante os anos 90 e até o início de 2000. Após o declínio, ocorreram aumentos de 2% em 2005, 3% em 2007 e 4% em 2008. Fonte: http://www.nytimes.com/2009/10/27/business/media/27audit.html?_r=1.

A Teoria das Mídias

oral à escrita, da impressão à televisão – exerceu efeitos irreversíveis sobre a vida das pessoas. Não obstante, muitos setores concordam que, neste momento, estamos atravessando uma mudança inédita – uma verdadeira revolução: trata-se de uma alteração de paradigma. Mas o que poderia ser tão diferente e tão profundo? O que, afinal, estaria revolucionando a própria revolução dos meios de comunicação?

Joshua Meyrowitz[19] nos aponta algumas pistas para caracterizar as mudanças que impulsionaram a radiodifusão. Acreditamos que, embora as observações deste autor estejam concentradas na realidade norte-americana de 1985, elas ainda sejam bastante úteis para descrever e explicar, pelo menos de modo parcial, o impacto de uma revolução sobre os meios de comunicação – incluindo a produzida pelas *web*s 1.0 e 2.0.

Segundo Meyrowitz, o fator comum entre as mudanças rápidas e aparentemente aleatórias vivenciadas durante os últimos anos é a falta de um sentido de lugar (palavras que, aliás, servem de título para o seu livro *No Sense of Place*.[20] Sua tese central é de que ao reestruturarmos a relação entre nossa localização física e posição social, e ao alterarmos os modos como recebemos e transmitimos informações, a evolução nos meios acaba finalmente alterando a própria ordem social. Para sustentar sua teoria, o autor explica que os meios eletrônicos transformaram por completo o sentido de localização do indivíduo, à medida que romperam todos os vínculos diretos entre as posições física e social.[21] Nossa localização física já não é mais determinante para nossa posição social – lembrando que quanto mais posições sociais galgamos, maior a quantidade de informações que se tornam acessíveis – e que antes eram privilégio de uns poucos. Essa disponibilidade permanente e imediata de todo tipo de informação, somada ao dinamismo da sociedade,

---

19 Meyrowitz, J. (1985). *No Sense of Place. The Impact of Electronic Media on Social Behavior* (Sem um Sentido de Lugar: O impacto dos Meios Eletrônicos no Comportamento Social). Nova York, Oxford University Press.

20 Em tradução livre: sem um sentido de lugar. Título ainda não publicado no Brasil. (N.T.)

21 Neste ponto, embora não o mencione diretamente, o autor assume o ponto de vista de McLuhan sobre o fluxo dos meios como um conjunto de sentidos humanos e suas extensões tecnológicas.

CAPÍTULO 3

levou à dissolução dos limites entre as esferas sociais. O privado se tornou cada vez mais público e agora temos acesso a detalhes sobre outras pessoas que no passado poderiam ser considerados segredos preciosos e até furos de reportagem. Isto resulta, entre outras coisas, em certo desencanto em relação a indivíduos que já não podemos mitificar, simplesmente pelo fato de os conhecermos bem o suficiente.

Para Meyrowitz essas alterações causam uma desorientação inédita, que já havia dado lugar a movimentos sociais recorrentes desde os anos 1950. O autor afirma que apesar de as últimas movimentações não terem continuado com a mesma força, elas modificaram as estruturas sociais no que se refere a papéis e lugares de pertencimento, fazendo com que a compartimentação social se tornasse nebulosa e vários grupos se integrassem em uma dimensão comum, em que logo suas individualidades se tornariam conhecidas. Portanto, a nova ordem social é puramente uma nova ordem, não uma variação desorganizada e aleatória do sistema social anterior. Isso também demonstra que a ordem anterior não era "natural", tampouco "obrigatória", uma vez que fenômenos tradicionalmente assinalados como causas e efeitos se revelam consequências de fortes transformações nas tecnologias da comunicação. Embora a alfabetização promovida pela imprensa tenha trazido consigo a ideia de uma cadeia de comando linear e hierárquica – de acordo com os graus de acesso ao conhecimento e à informação (Deus, o líder nacional, o pai, a mãe, os filhos) – e uma forte distinção entre o público e o privado – com o advento do telefone, do rádio, da televisão e dos computadores –, essa ultima distinção desaparece: as informações alcançam um número cada vez maior de pessoas e os padrões comportamentais em diferentes âmbitos já não apresentam distinções.

Segundo Meyrowitz, os meios eletrônicos nos transformaram em caçadores e coletores de informações, sem que houvesse um "sentido de lugar". Como os antigos povos nômades, imbuídos de um espírito pouco disposto a reconhecer e respeitar as hierarquias e distinções entre o público e o privado, espontaneamente mais participativos nos assuntos relacionados à comunidade, e mais sensíveis à persuasão e à eficiência que à coerção, caçamos e coletamos informações acreditando

A Teoria das Mídias

que – assim como ocorria com nossos antepassados em relação aos alimentos – não precisaremos obter mais informações que o imediatamente necessário, pois elas sempre estarão ali, inesgotáveis, à nossa disposição em todos os momentos.

Hoje estamos diante de uma transformação acelerada, principalmente considerando a atordoante velocidade com que se desenvolvem novas tecnologias de informação. Em apenas dez anos, a conectividade à internet aumentou 445% em todo o mundo, subindo de menos de 400 milhões de usuários no ano de 2000 para 2 bilhões em 2010.[22] O número de páginas disponíveis na *web* até o final de 2009 era de 234 milhões e, naquele mesmo ano, foram enviados cerca de 247 bilhões de e-mails por dia.[23] Esses números se tornam ainda mais surpreendentes se levarmos em conta que no início dos anos 1990 a internet se restringia a apenas alguns centros de pesquisa na área de ciências de computação espalhados pelos Estados Unidos e pelo Reino Unido.[24] De fato, a grande disseminação global e o uso maciço da *web* aconteceu em um período de apenas dois anos, o que é absolutamente admirável, principalmente se compararmos esse processo ao da televisão: a primeira transmissão de TV ocorreu na Grã-Bretanha em 1936,[25] mas somente 15 anos depois o mesmo se repetiria em outros países. Vale ressaltar que o futuro é ainda mais promissor: várias frentes estão se mobilizando no sentido de estabelecer uma internet global e de baixo custo que atenda aos cantos mais remotos e carentes do planeta.[26]

---

22 Em proporção a uma população global de 6.845.609.960 de habitantes, estima-se que em dezembro de 2000 houvesse 360 985 492 usuários, e, em junho de 2010, 1.966.514.816. Os números indicam que, atualmente, cerca de 28,7% da população mundial está conectada à web. (Fonte: http://www.internetworldstats.com).

23 Fonte: http://royal.pingdom.com/2010/01/22/internet-2009-in-numbers.

24 Fonte: http://en.Wikipédia.org/wiki/Internet.

25 Fonte: http://www.teletronic.co.uk/tvera.htm.

26 Por meio do projeto Outros 3 bilhões, espera-se levar a internet via satélite a 3 bilhões de pessoas em 150 países emergentes que, até hoje, se mantinham em grande parte excluídos da revolução digital. (Fonte: http://www.lanacion.com.ar/1351463-planean-dar-internet-via-satelite-a-bajo-costo).

CAPÍTULO 3

É fácil esquecermos-nos do passado ao considerarmos o grande influxo de tecnologias *on-line* em nossas vidas cotidianas: nós as utilizamos em nossos relacionamentos sociais, para fazer compras nos supermercados, para verificar a previsão do tempo e para várias outras coisas. O fato é que essas tecnologias geraram uma transformação inédita, não apenas por terem ocorrido em um ritmo impressionante, mas por estarem modificando completamente nossa própria existência.

Para uma Consciência Coletiva e Colaborativa

Em perfeito alinhamento com os pensadores aqui mencionados, cujas ideias foram expostas neste capítulo, e a partir das análises feitas da internet – também detalhadas nos parágrafos anteriores – como nova linguagem e novo meio de comunicação (que, por sua vez, emprega uma tecnologia totalmente inovadora), parece justo afirmar que o uso das redes sociais e das ferramentas participativas da *web* tem alterado a forma de pensar e agir dos seres humanos. E à medida que impacta os hábitos sociais e a adoção de práticas vinculadas à colaboração, reafirmando valores como a participação, a transparência e a criação coletiva, essa alteração implica em um salto de consciência. Assim como a escrita e a matemática – ambas surgidas na Suméria por volta do ano 3000 a.C. – impulsionaram um salto de consciência que permitiu ao homem começar a se comunicar por meio de símbolos universais, a internet pretende recuperar e até superar a dinâmica de integração que se apagou com o salto da oralidade e da linearidade. Se a escrita e a matemática trouxeram progressos indiscutíveis para a humanidade, ambas interromperam a dinâmica de integração que predominava entre membros de tribos que, sentados em círculos, compartilhavam suas histórias – etapa em que prevalecia a oralidade. A partir da invenção da escrita e de outros sistemas simbólicos lineares, e até mesmo do advento do rádio e da televisão, o homem alcançou o conhecimento e teve acesso à informação, mas de modo individual, não comunitário.

A Teoria das Mídias

Um padrão idêntico se revelou com a chegada da impressa. De certo modo, tal invenção significou um grande avanço para a humanidade, uma vez que propiciou a disseminação em massa de conhecimento, algo que até então era reservado aos poucos que tinham acesso a cópias de livros guardados em mosteiros medievais. Todavia, seu aspecto negativo estava no envio de mensagens em série para leitores que não estavam integrados entre si. Teve início o já mencionado "Parêntese de Gutenberg," que acentuou ainda mais a linearidade, o individualismo e a perda da consciência de interdependência do homem primitivo – que nos fora revelada pela descoberta do antropólogo Stanley Ambrose, dos discos esculpidos em ovos de avestruz (citados no início do capítulo anterior [27]) que denotavam símbolos de colaboração mútua entre tribos primitivas de diferentes regiões da África.

Hoje, com o restabelecimento da integração entre os públicos, que, nas palavras de McLuhan e de seus seguidores, impulsionaram os meios de transmissão (*broadcasting*), a internet – como meio de comunicação – e a *web* – como forma de organização da informação – estão permitindo que seus usuários recuperem a consciência de interdependência e voltem a se considerar como parte do sistema que os abriga e, ao mesmo tempo, os transcende.

As ferramentas participativas da *web* propiciam um salto à consciência humana individual como parte de um todo, onde a formulação coletiva supera a soma das contribuições individuais. Ao mesmo tempo, elas permitem a restauração das virtudes do conhecimento discursivo que possibilitaram a imprensa e os meios de transmissão.

Por sua vez, o acesso à informação e ao conhecimento viabilizado por essa versão colaborativa da *web*, representa uma verdadeira democratização do saber, já que suas ferramentas permitem o contato direto e gratuito entre pessoas do mundo inteiro e, por conseguinte, sua colaboração na construção de ideias, produtos e soluções.

Pela primeira vez na história da humanidade, contamos, simultaneamente, com um meio, uma linguagem e uma tecnologia adequados

---

[27] Consulte o Capítulo 2, "Um Salto de Consciência."

CAPÍTULO 3

para colaborar de maneira ampla no estabelecimento de soluções coletivas e no gerenciamento de um novo paradigma econômico, social e ambientalmente sustentável. Todavia, para que possamos avançar nessa direção não basta que, como seres humanos, acessemos a internet – essa gigantesca rede de redes. É preciso que conheçamos sua própria lógica e que aprendamos a falar sua língua e a administrar todo o conhecimento gerado neste grande espaço comum de interação.

Os dois capítulos seguintes deste livro tratam exatamente da lógica por trás dessa rede, de sua linguagem e da administração desse espaço comum.

CAPÍTULO 4

A Lógica Colaborativa da Rede

Conforme apresentado no capítulo anterior, a dinâmica e a linguagem da internet operam de maneira conjunta, reconfigurando as maneiras pelas quais os seres humanos conhecem seus pares, atuam e se comunicam dentro da sociedade. Ambas modificam o modo como o homem organiza e se relaciona com o meio em que vive, ao ponto de alcançar o potencial necessário para produzir um novo salto de consciência na humanidade.

Retornando à tese central de Marshall McLuhan – de que "o meio é a mensagem" –, podemos dizer que somente se considerarmos as profundas implicações atuais do meio ambiente, assim como os valores que o sustentam, conseguiremos de fato nos arraigar na nova era 2.0. Em nosso favor, contamos com tecnologias que, pela primeira vez na história, nos garantem as ferramentas necessárias para a compreensão dessas mudanças – desde que estejamos dispostos a abrir nossos olhos. O fato é que essas transformações estão acontecendo bem à nossa frente, e em velocidades jamais experimentadas. Podemos, portanto, ser testemunhas oculares de uma revolução que em épocas anteriores teria abarcado várias gerações. Todavia, se quisermos realmente fazer bom uso dessas novas tecnologias, e não perecer ao longo de nossa empreitada, é fundamental que nossa intervenção seja absolutamente lúcida: trata-se de uma questão de sobrevivência, nada mais, nada menos.[1]

O objetivo das próximas páginas é justamente tentar definir (1) como funciona essa nova consciência que estamos incorporando através do uso diário das redes; (2) qual é sua morfologia e que

---

1 Marshall McLuhan, Op. Cit.

CAPÍTULO 4

novas atitudes – ou lógica – sua adoção exigirá de nós; e (3) no que consiste essa dinâmica colaborativa que, embora tenha surgido com o homem, encontrou nas redes *on-line* seu melhor contexto e suas ferramentas mais eficazes.

Tudo Está absolutamente Conectado

O fato de que vivemos interligados é uma verdade indiscutível. No entanto, o crescimento geométrico e contínuo dessa interconexão entre os seres humanos – facilitado, incentivado e potencializado pela *web* – tem alterado de maneira disruptiva a forma como nos relacionamos, aprendemos, trabalhamos e vivemos.

Pouco a pouco, a rede deixa de ser apenas uma forma alternativa de relacionamento para se converter em uma verdadeira "modeladora" de indivíduos, que passam a comportar-se de modos diferentes, pelo simples fato de pensarem de maneiras distintas. Consequentemente, toda pessoa, empresa ou organização – seja social, política, econômica ou de qualquer outra natureza – que queira interagir com este novo sujeito interconectado nesse misterioso território que é a rede, precisará de um mapa criado a partir de novas coordenadas.

Em seu livro *Linked: a Nova Ciência dos Networks – Como Tudo Está Conectado a Tudo e o que Isso Significa para os Negócios, as Relações Sociais e as Ciências* (Leopardo, 2009),[2] o especialista em redes Albert-László Barabási nos apresenta dois exemplos do enorme poder facilitador da rede.

O primeiro é o caso de Michael Calce, que no ano de 2000 – época em que ainda era adolescente –, utilizando-se do pseudônimo Mafiaboy (Garoto da Máfia), conseguiu paralisar os sites da Yahoo, Amazon, Dell e de várias outras empresas de grande porte, valendo-se apenas de ferramentas disponíveis na *web* e, portanto, plenamente acessíveis a qualquer usuário. Essa história não apenas demonstrou de maneira clara que o talento de alguns jovens supera, com folga, até a imagi-

---

[2] Barabási, A. (2003). Linked *(conectado): a nova ciência dos networks – como tudo está conectado a tudo e o que isso significa para os negócios, as relações sociais e a ciência.* (Leopardo, 2011).

nação mais abundante. Ela também evidenciou o altíssimo grau de interconexão que marcou o início do século XXI, em que uma simples "brincadeira" por parte do "Mafiaboy" deixou milhões de pessoas sem acesso a suas páginas favoritas.

O outro caso diz respeito à propagação do cristianismo, amplamente difundido pelo apóstolo Paulo, que, com o intuito de converter o maior número possível de fiéis para a nova religião, visitou as grandes comunidades de seu tempo. O que é notável neste exemplo é o fato de que a propagação do cristianismo teve menos a ver com a mensagem propriamente dita, e mais com a construção de uma verdadeira rede de "comunicadores" que, por sua vez, se utilizaram de seus contatos sociais para compartilhar de maneira segura e efetiva a palavra de Jesus Cristo. A eficácia da estratégia de rede implantada por Paulo tem sido demonstrada ao longo de mais de 2000 anos de propagação contínua de sua mensagem.

Embora haja diferenças importantes entre os dois casos apresentados anteriormente, o sucesso de ambas as empreitadas adveio do mesmo lugar: da interconexão. Mafiaboy e Paulo eram especialistas em redes: o primeiro navegou pela internet, enquanto o segundo, pelos laços sociais e religiosos que caracterizaram o século I.

Como se Formam as Redes

Uma rede se define pelo número de nós interligados por elos. O atributo distintivo, diferenciador e definidor de uma rede é o que emerge da completa interação entre esses nodos, ou entre essas partes. Por esta razão, tentar compreender a rede a partir do profundo conhecimento do indivíduo, ou dos tipos de indivíduos que a compõem, se revela absolutamente contraproducente: é como tentar montar um quebra-cabeça, reunindo aleatoriamente todas as peças sem conhecer de antemão a figura completa a ser construída.

Mas como afinal se originam as verdadeiras redes que compõem o nosso mundo? Entre os primeiros a responder a esta pergunta estão

CAPÍTULO 4

os matemáticos húngaros Alfréd Rényi e Paul Erdös, que lançaram as bases para a Teoria das Redes Randômicas (*random networks*). De acordo com estes cientistas, os nós que formam essa rede se conectam ao acaso. Para ilustrar sua tese, Rényi e Erdös se utilizaram do exemplo de uma festa que conta com a presença de convidados que não se conhecem: de acordo com seus cálculos, levaria apenas 30 minutos para que se formasse uma rede incluindo todos os convidados (os nós). O resultado seria uma rede igualitária cujos elementos não seriam qualitativamente diferentes entre si.

No entanto, Rényi e Erdös nunca analisaram o mecanismo das redes reais, somente suas características teóricas ou formais. Segundo o especialista húngaro Albert-László Barabási – que surpreendeu o mundo com seu conceito de Redes Livres de Escala, que será explanado mais adiante – as verdadeiras redes não são tão regulares ou fáceis de entender como postulado por Rényi e Erdös. De fato, é difícil aceitar que o nosso universo social dependa de laços contingentes, criados ao acaso, ou que nos relacionemos do modo como se pode inferir a partir da Teoria das Redes Randômicas.

Os Seis Graus de Separação e a Natureza dos Laços

O escritor húngaro Frigyes Karinthy foi o primeiro a formular uma hipótese certamente instigante: escolhendo-se aleatoriamente dois indivíduos que não se conheçam, será possível estabelecer um vínculo entre ambos sem que se tenha de recorrer a mais de cinco pessoas/conexões. Quase meio século depois, e sem jamais ter lido o trabalho de Karinthy, o psicólogo nova-iorquino Stanley Milgram desenvolveu uma hipótese semelhante através da qual tentaria determinar a distância social entre dois indivíduos desconhecidos entre si dentro do território norte-americano. O resultado obtido: foram necessárias 5.5 ligações para se conectar essas duas pessoas. O arredondamento cuidou do resto e surgiu aí a A Teoria dos Seis Graus de Separação (*Six Degrees do Separation*), que nos coloca em contato com uma realidade ao mesmo

A Lógica Colaborativa da Rede

tempo atraente e perturbadora: o mundo real é bem menor do que parece. Porém, qual seria o tamanho do mundo virtual?

As redes sociais que se desdobram na *web* são conjuntos coesos de grupos de indivíduos relacionados entre si (amigos, familiares, parceiros de negócios e outros), ligados aos demais grupos por meio de relações mais frágeis com indivíduos que frequentam outros âmbitos relacionais. O conceito quantitativo do Coeficiente de Clusterização (*clustering coefficient*), desenvolvido pelos matemáticos Duncan Watts e Strogatz Steven, nos permite estimar o grau de agrupamento/coesão de um grupo específico. A clusterização é uma propriedade fundamental das redes, estando presente em vários sistemas sociais. Isso indica que elas (as redes) não se constituem de maneira aleatória, mas inteligente.

De acordo com estudos recentes, a distância entre os usuários do Facebook — a rede social com maior número de membros em todo o mundo — é de apenas 4.7 graus, o que demonstra a maior capacidade de agrupamento das redes *on-line*.[3] A este respeito, a tese do sociólogo norte-americano Mark Granovetter afirma que um mundo inter-relacionado — com elevado coeficiente de clusterização — é aquele em que os laços frágeis entre as pessoas cumprem um papel importante. Na ótica desse especialista, a rede social não é um universo conectado de maneira aleatória — como postulado por Alfréd Rènyi e Paul Erdös —, mas um conjunto de grupos interligados e profundamente inter-relacionados (amigos, familiares, parceiros comerciais), vinculados aos demais agrupamentos por meio de relações frágeis com indivíduos que frequentam outros espaços. Essas relações mais tênues também são importantes, como, por exemplo, quando buscamos um novo emprego: trata-se do fenômeno que se materializa na frase "eu não consegui o emprego por intermédio de um amigo, mas de um conhecido." Além disso, em uma rede conectada de modo aleatório jamais poderiam existir grupos de amigos, já que a amizade já pressupõe uma associação voluntária.

---

3 Criado em 2004 pelo programador Mark Zuckerberg para conectar estudantes de Harvard, o Facebook foi estendido para todas as pessoas que possuíam uma conta de e-mail. No final de 2011, um em cada 10 habitantes do planeta já fazia parte da rede.

CAPÍTULO 4

Hubs e Conectores

Em qualquer grupo e em qualquer rede, é possível identificar indivíduos que congregam ou aglutinam pessoas, que as inspiram ou provocam, e que parecem possuir o dom de animar, ou literalmente "dar vida" a qualquer tipo de encontro. Esta constatação, que surgiu a partir da simples observação, acabaria se confirmando em um estudo realizado por Malcolm Gladwell, um jornalista do *New York Times*, que denominou as pessoas com talento especial para se relacionarem com os outros de "conectores".[4] Tecnicamente, os conectores são nós de uma rede que ostentam um número extraordinário de conexões com outros nós. Existem conectores em diversos sistemas. Estes vão desde os econômicos até os celulares. E assim como no conceito de *cluster*, o do conector também afasta a velha visão das redes como fruto do acaso.

A **World Wide Web** (sistema de distribuição de informação baseado em hipertexto e/ou hipermídias interconectadas e acessíveis através da internet) é um bom exemplo de rede de origem não aleatória. Embora qualquer página possa ser publicada e disponibilizada a todos, nem todas gozam da mesma popularidade: somente as páginas que conseguem estabelecer um grande número de ligações (*links*) para outros sites conseguem esse feito, uma vez que se tornaram mais visíveis – são aquelas com elevado grau de conexão. Existem páginas mais e menos interconectadas, sendo que as primeiras ostentam maior probabilidade de serem vistas que as últimas, já que o número de ligações que possuem determina sua posição de lideranças nos buscadores e, consequentemente, o maior número de visitas.

As páginas com um número mais elevado de *links* e maior quantidade de acessos atuam como *hubs*, em torno dos quais se organizam as demais páginas. Os *hubs* são os pilares da arquitetura de rede, sendo extremamente visíveis e fáceis de localizar. Entre os mais importantes e conhecidos estão o Google, o YouTube e a Wikipédia. Esses portais representam o principal argumento ao se rebater o caráter igualitário atribuído às redes na internet.

---

[4] Gladwell, M. (2002). *O Ponto da Virada. Como Pequenas Coisas Podem Fazer uma Grande Diferença*. (Sextante, 2009).

A Lógica Colaborativa da Rede

As Redes Livres de Escala

Como já mencionado anteriormente, o especialista em redes Albert-László Barabási formulou o conceito de Redes Livres de Escala para explicar a origem das redes que, assim como a internet, não são um produto da conexão aleatória entre seus nós.

De acordo com a teoria de Barabási, na formação dessas redes aplica-se o Princípio de Pareto, segundo o qual em todos os grupos humanos costumam prevalecer duas linhas de ação, em uma proporção de 80% e 20%.[5] No caso dessas redes, a distribuição das quantidades obedece, em termos matemáticos, à Lei de Potência: uma alta porcentagem de nós com um baixo nível de interconexão se relaciona de maneira aleatória e igualitária; já um baixo percentual de nós com elevado nível de conexão estabelece vínculos significativos que implicam em uma ordem hierárquica.

As Redes Livres de Escala recebem tal denominação pelo fato de envolverem uma hierarquia de elementos. Todavia, nenhum elemento isolado desse sistema representa um modelo em escala de todos os demais.[6] Neste tipo de rede, todos os nós são diferentes entre si e o poder de atração de cada um deles reside na quantidade de conexões com outros nós que possuir.

Sendo assim, vemos que as redes são sistemas dinâmicos cujas mudanças constantes estão associadas à adição de novos nós e conexões. Em um mundo interconectado, as ligações são a única chance de sobrevivência para os nós.

---

5 Por volta de 1900 o economista italiano Vilfredo Pareto enunciou uma regra surgida a partir da observação empírica que, mais tarde, seria conhecida como "Princípio de Pareto" ou "regra 80-20". Pareto observou que a sociedade se dividia naturalmente entre os "poucos com muito" e os "muitos com pouco". Assim, estabeleceu-se a proporção 80-20, segundo a qual, o grupo minoritário (20% da população) possui 80% de algo, enquanto o grupo majoritário (80% da população) é dono dos 20% restantes desse mesmo item. Por exemplo, 80% do solo italiano estavam nas mãos de 20% da população.

6 A "Rede Livre de Escala" (definição reconstruída de maneira fragmentada ao longo do livro) ostenta um alto nível de interconexão entre suas partes. Ela é governada por leis específicas, em particular, pelo crescimento e pela vinculação preferencial (não aleatória). Ela possui certas propriedades estruturais, como robustez e vulnerabilidade a ataques (ou "calcanhar de Aquiles"). Para mais informações consultar: http://es.Wikipédia.org/wiki/Red_libre_de_escala.

CAPÍTULO 4

Em sistemas complexos, a concorrência é o processo pelo qual nós vencedores e perdedores se diferenciam uns dos outros: os mais bem adaptados vencem porque conseguem atrair mais conexões. Portanto, as oportunidades para nós incorporados tardiamente residem em sua capacidade de se adaptar.

De acordo com Barabási, duas tendências regem o comportamento de redes complexas como a internet:

- "Os ricos tornam-se mais ricos", um conceito que talvez possa ser reformulado, para: "Os mais bem-adaptados tornam-se mais ricos". Trata-se do modelo seguido pelas redes livres de escala, em que os nós mais bem-adaptados crescem progressivamente até converter-se em centros de hierarquias distintas. Naturalmente, podem existir vários desses centros.
- "O vencedor leva tudo". Neste modelo, o nó mais bem-adaptado se apodera de todas as ligações possíveis, deixando poucas oportunidades de crescimento para os demais. Estas são as redes que se desenvolvem como pequenos nodos conectados a um centro, semelhante à figura de uma estrela.

Google e Facebook, Dois *Hubs* Visíveis e Vencedores

A *web* não é uma rede igualitária, sendo assim, os primeiros nodos a aparecer têm mais vantagens sobre os mais novos. E é dentro dessa premissa que surgem os *hubs* que concentram grandes quantidades de conexões. No entanto, esta lei não se aplica a todas as situações. Dois casos paradigmáticos de jogadores que, a despeito de terem "chegado tarde," ganharam em termos de centralidade, são o Google e o Facebook.

Lançado em 1999, pode-se dizer que o Google chegou tarde à *web* – em comparação ao Yahoo, por exemplo, cuja empresa foi fundada em 1994. Porém, em apenas alguns anos ele conseguiu se tornar o líder do mercado de buscadores na internet. O Facebook também somente foi aberto a novos usuários em 2006, mas, em poucos anos, conseguiu desbancar o MySpace, que fora criado em 2003.

Mas o que explica tal fenômeno? Porque, conforme anunciado pelo modelo de Barabási e demonstrado por empresas como Google e Facebook, não são apenas os "ricos" que se tornam mais ricos, mas também os mais "bem-adaptados". Ocorre que, dentro do contexto da *web*, os mais bem-adaptados são aqueles que compreendem melhor (1) o funcionamento da rede, (2) sua lógica e (3) sua linguagem. Assim, eles logo se adaptam e acabam "ganhando" a disputa com outros jogadores mais antigos na rede – entenda-se essa vitória em termos de números de usuários e pessoas conectadas.

A Lógica da *Web* e o Salto de Consciência

A leitura dos trabalhos de Albert-László Barabási e de outros especialistas, bem como a observação e a investigação do crescimento exponencial da *web*, nos permitem compreender as redes como sistemas dinâmicos que se encontram em constante transformação através da adição de novos nodos e da criação de novos vínculos.

A *web* é uma rede que apresenta hierarquias de nodos mais conectados que outros. Ela é descentralizada, o que significa que nenhum nodo depende da unidade de toda a rede. Além disso, como outras redes reais, ela se auto-organiza. A hierarquia na internet se baseia nos vínculos preferenciais. Sua fragmentação se revela em diferentes comunidades sociais formadas de acordo com os interesses de seus membros, que podem pertencer a várias comunidades, e de maneira simultânea. Essa adesão múltipla de indivíduos a grupos distintos é justamente o que fortalece o tecido da própria rede, tornando-o mais espesso e, ao mesmo tempo, gerando a circulação viral de informação, conhecimento e inovação.

É precisamente neste ponto que o conhecimento da topologia de redes complexas como a *web* se relaciona ao salto de consciência mencionado no capítulo anterior: a internet é um novo meio de comunicação e, como tal, exige de nós o aprendizado de uma nova linguagem que funcione como um recurso de gerenciamento para o excesso de informações gerado pela interação entre usuários dos

CAPÍTULO 4

mais diversos espaços participativos oferecidos pelo próprio meio. Ao mesmo tempo, a transmissão das mensagens na internet é canalizada por intermédio da **World Wide Web**, uma rede livre de escala.

Daí a conclusão de que a mudança (o salto) de consciência que impulsiona a internet resida no aprendizado da forma de organização do ambiente proposta pela *web*.

Os diferentes modos de interconexão e interação possibilitados pela *web* e por suas ferramentas participativas estão transformando a forma de pensar, de aprender e de agir dos seres humanos. Mas o que será que está realmente sendo alterado? Que habilidades, atributos e valores estamos adotando e de quais estamos retirando o privilégio de exclusividade de que gozaram ao longo de mais de dois mil anos?

Rumo a um Pensamento de Código Aberto

A nova forma de "pensar" o mundo está sendo definida por todos os nós – ou usuários – da rede, uma vez que ela é uma criação coletiva que funciona de modo similar a um *software* de código aberto, como o Linux, o Android ou o Firefox. A história dos *softwares* abertos teve início com o trabalho do programador – e *hacker*, no melhor sentido da palavra [7] – Richard Stallman, que em 1984 criou uma alternativa para o sistema operacional Unix,[8] à qual denominou GNU, sigla cujo significado em inglês é "G + Not Unix (G + Não é Unix). O grande feito de Stallman

---

[7] Embora o termo geralmente se aplique a criminosos cibernéticos, também é usado para se referir a uma comunidade de programadores entusiastas e designers de sistema originada nos anos 1970, no entorno do Instituto de Tecnologia de Massachusetts (MIT), o Tech Model Railroad Club (TMRC) e o Laboratório de Inteligência Artificial MIT.2 Essa comunidade se caracteriza pelo lançamento do movimento Software Livre. A World Wide Web e a própria internet são criações de hackers. Fonte: http://es.Wikipédia.org/wiki/Hackers.

[8] Sistema operacional portátil, multitarefa e multiusuário, desenvolvido em 1969 por um grupo de funcionários dos laboratórios da Bell e AT&T, que incluiu Ken Thompson, Dennis Ritchie e Douglas McIlroy. Apenas os sistemas totalmente compatíveis e certificados pela especificação "Single UNIX Specification" podem ser chamados de "UNIX ®" (os demais recebem a etiqueta de "semelhante ao sistema Unix" ou "similar ao Unix"). Às vezes, utiliza-se a denominação "Unix tradicional" para fazer referência ao Unix ou a um sistema operacional que tenha as características do UNIX Versão 7 ou UNIX System V. Fonte: http://es.Wikipédia.org/wiki/Unix.

A Lógica Colaborativa da Rede

foi desenvolver um método de licenciamento de *software* que permitisse que seu uso e sua modificação sempre permanecessem livres, à disposição da comunidade. Este método, batizado de *copyleft* – em uma clara ironia ao conceito de *copyright* (direitos autorais) –, usava uma Licença Pública Geral GNU (conhecida como GPL, sigla em inglês para General Public Licence),[9] que permitia a qualquer indivíduo acessar, utilizar e inclusive modificar um *software* original, com a única condição de que, ao distribuí-lo a outros usuários, o *software* e as alterações nele efetuadas manteriam as mesmas condições de liberdade que o caracterizavam desde o início. O grande salto veio em 1991, quando o finlandês Linus Torvalds, engenheiro de *software*, criou o Núcleo Linux, completando assim o sistema operacional GNU – o GNU/Linux. Sua licença foi liberada sob os termos da GPL, o que permitiu que o produto fosse desde então continuamente aprimorado e atualizado por milhares de programadores em todo o mundo. Por muitos anos, até o surgimento do Ubuntu – outro sistema de *software* livre a utilizar o núcleo Linux –, o sistema operacional GNU/Linux foi o único sistema operacional GNU.

A Wikipédia é outro excelente exemplo de cogeração de conhecimentos compartilhados: trata-se de uma enciclopédia livre, cujo acesso é gratuito e os conteúdos são elaborados e atualizados de maneira colaborativa por voluntários em todo o mundo. Cofundada em 2001 pelos norte-americanos Jimmy Wales e Larry Sanger, na época em que este livro foi escrito, a Wikipédia contava com 20 milhões de artigos em 282 idiomas e dialetos, o que a transformava na maior e mais popular obra de referência na internet, com 450 milhões de usuários por mês.

A tese deste livro engloba as seguintes proposições: (1) de que essa nova forma de construção e organização do conhecimento – surgida na internet e refletida nas criações coletivas e totalmente suscetíveis a enriquecimento e expansão pelas mãos de todo e qualquer indivíduo –, esteja de fato transformando a maneira de o ser humano

---

[9] Mais conhecida por seu nome em inglês, GNU General Public License, ou simplesmente pela sigla GNU GPL, trata-se de uma licença criada pela Free Software Foundation, em 1989 (a primeira versão), e destina-se principalmente a proteger a distribuição, a modificação e o uso livres de software. Fonte: http://es.Wikipédia.org/wiki/Licencia_p%C3%BAblica_general_de_GNU.

pensar, aprender e agir; (2) de que essa transformação envolva a adoção de um novo estilo de pensamento, ou seja, de uma "lógica de código aberto", uma vez que, ao contrário do que aconteceu desde a invenção da escrita e, especialmente, durante o período denominado por McLuhan de "Parêntese de Gutenberg", já não herdamos ideias, definições, conceitos ou produtos absolutamente selados ou estanques que possam ser utilizados ou substituídos por outros igualmente vedados e imutáveis. Agora somos plenamente capazes de continuar a desenvolver e aprimorar conceitos e produtos à medida que os utilizamos, da mesma maneira como já ocorre em relação à Wikipédia ou aos *softwares* de código aberto; (3) de que essa construção já não representa um processo que se desenvolve de modo exclusivamente individual, podendo também ocorrer de maneira coletiva; (4) de que a internet nos dá acesso a esse "código", à medida que nos oferece o espaço e as ferramentas para realizarmos essa construção; e (5), talvez o mais importante, de que a lógica através da qual nos mobilizamos dentro desse novo meio – a forma de interagirmos nesse espaço e de usarmos as novas ferramentas – também esteja sendo construída coletivamente. O fato é que o acesso a essa lógica e também nossa participação no processo de cocriação de uma nova linguagem, estão estabelecendo as fundações para um salto na consciência da humanidade. E este salto de consciência se faz absolutamente necessário, uma vez que ele surge não apenas dos limites que já estamos alcançando na exploração dos recursos naturais de nosso planeta, mas da própria saturação da capacidade da Terra em absorver as consequências do nosso desenvolvimento enquanto espécie.

Linearidade *Versus* Interdependência

Uma das mudanças introduzidas pela lógica de rede em nossa forma de pensar, aprender e agir está associada à superação do pensamento e do discurso lineares, que nasceram juntamente com a escrita e foram particularmente impulsionados no Ocidente pela adoção da lógica Aristotélica, que buscava estabelecer relacionamentos unívocos entre

A Lógica Colaborativa da Rede

as ideias e organizá-las em uma ordem hierárquica que ia desde o geral até o específico, do principal ao acessório.

Essa lógica também visava a organização de conceitos ou objetos em classes inclusivas entre si – na biologia, por exemplo, temos a classificação taxonômica dos seres vivos em reinos, classes, ordens, famílias, gêneros e espécies –, o que é demonstrado na tendência de se estabelecer relações inequívocas entre conceitos, como o de causa e efeito.

Na rede, entretanto, são definidas as coordenadas de uma nova lógica que não apela exclusivamente para a inserção de um conceito dentro de outro – como, por exemplo, no conceito do homem intrínseco ao do animal, e deste ao do mamífero (entre outras opções) – mas à interdependência entre as ideias e os indivíduos que as constroem, seja de forma individual ou colaborativa. A organização taxonômica de conteúdos, facilitada pelo uso de categorias, não se perde. De fato ela é complementada pela indexação com *tags* ou marcadores, que apelam ao poder da "folksonomia"[10] para organizar os conteúdos sem, contudo, hierarquizá-los ou "trancá-los em caixas" ou em silos protegidos que dificultem sua busca e, consequentemente, a possibilidade de compartilhá-los.

Portanto, como já mencionado, as ideias dependem umas das outras – elas se apresentam com vários sentidos e em múltiplas direções, estabelecendo relações unívocas entre si (ou até mesmo multidirecionais) e sendo modificadas e atualizadas de maneira constante – e prevalecem vínculos de interdependência entre seus criadores, o que, por sua vez, dá lugar a ideias originais, conectadas de um jeito diferente e gerenciadas de modo distinto.

Multidirecionalidade e Cocriação

Dentro do contexto descrito no parágrafo anterior, a forma como as informações são comunicadas e permutadas não favorece o modelo

---

10 Classificação colaborativa por meio de etiquetas simples em um espaço plano, sem hierarquia ou linhas de parentesco. Fonte: Van Peborgh, E. (2001). Odisea 2.0 0 Las Marcas em Los Médios Sociales (Odiseia 2.0 – As Marcas nas Mídias Sociais). Buenos Aires, La Crujía.

CAPÍTULO 4

hierárquico tradicional. A própria conformação da rede beneficia a descentralização do fluxo de dados: estes já não fluem exclusivamente de modo vertical a partir dos centros hierárquicos – como ocorre nas empresas cuja estrutura é tradicional –, mas no sentido oposto, ou seja, de baixo para cima (*bottom-up*) e em todas as direções possíveis, já que o contexto tende a privilegiar os vínculos que se formam com indivíduos estabelecidos pela autoridade, e por interesse dela.

A descentralização desse fluxo implica em uma mudança realmente disruptiva. Como afirma o escritor e professor de Direito na Universidade de Harvard, o norte-americano de origem israelense Yochai Benkler, ao longo de mais de 150 anos, as tecnologias de comunicação mostraram-se propensas a concentrar e comercializar a produção e o intercâmbio de informações, enquanto expandiam o alcance geográfico e social das redes de distribuição dessas mesmas informações. Desse modo, à medida que o público e sua dispersão geográfica se ampliavam, o discurso adotava um modelo cada vez mais unidirecional.[11] Ao mesmo tempo – segundo Benkler –, a necessidade de se financiar a produção de informação promoveu a elaboração de produtos cada vez mais caros e sofisticados – vieram as séries de TV, as gravações musicais e os filmes [12] –, cujos custos fixos poderiam ser rateados entre públicos cada vez maiores. Por conta dessas características econômicas, o modelo de produção e transmissão de informações e cultura, próprio dos meios de comunicação em massa, se converteu na forma predominante de comunicação pública do século XX.

No entanto – ainda de acordo com o pensador norte-americano –, a internet nos oferece atualmente a possibilidade de inverter esta tendência tão arraigada, uma vez que constitui o primeiro meio de comunicação a estender seu alcance por meio da descentralização. E isso não diz respeito somente ao espaço de intercâmbio de infor-

---

11 Benkler, Y. (2006). The Wealth of Networks: How Social Production Transforms Markets and Freedom (A Riqueza das Redes: Como a Produção Social Transforma os Mercados e a Liberdade). New Haven: Yale University Press.

12 Ibid.

A Lógica Colaborativa da Rede

mações e de construção do conhecimento, mas também ao capital que se produz através desse meio. Isto significa que não é apenas a organização da rede que é descentralizada, mas também sua forma de produção e o próprio produto – o conhecimento e a informação. Alinhado ao pensamento de Benkler, este livro sugere que as informações intercambiadas em uma rede tão complexa quanto a internet, assim como o conhecimento que se constrói apelando para a nova lógica de código aberto, formam um bem comum que pode se transformar em um valioso conhecimento para todos.

A transformação das condições materiais de produção e distribuição de informações e conhecimentos que impulsionam a *web* e suas ferramentas colaborativas, exerce efeitos substanciais sobre o modo como conhecemos o mundo em que vivemos e as alternativas de ação que nos são abertas enquanto indivíduos e protagonistas sociais.[13] Na verdade, há tempos essa "crosta de mentes interligadas" que nos propicia a internet tem gerado ações coletivas com grande impacto na vida real.

Consideremos o exemplo a seguir: em fevereiro de 2012, a organização Global Exchange (Intercâmbio Global), por meio da iniciativa *People to People Blog* (Blogue de pessoas para pessoas), e em parceria com outras organizações não governamentais, conseguiu deter a construção de um oleoduto que atravessaria todo o território dos Estados Unidos, desde a cidade de Alberta (no Canadá) até o Golfo México. No início, os promotores dessa iniciativa haviam se proposto a reunir meio milhão de assinaturas para tal finalidade, porém, em menos de 24 horas o grupo conseguiu 800 mil. Que outra ferramenta de comunicação do passado permitiu difundir os riscos ambientais envolvidos nessa obra e, ao mesmo tempo, garantir a manifestação do desejo de um número tão massivo de civis? Não é dúvida, portanto, de que estamos no alvorecer de uma nova era.

---

13 Yochai B., Op. Cit.

CAPÍTULO 4

Assimilação Coletiva

Tomando como base a definição da norte-americana Elinor Ostrom – Prêmio Nobel de Economia em 2009, especialista em construção e gestão de bens comuns, cujo trabalho será discutido em maior profundidade no próximo capítulo –, o conhecimento é a assimilação da informação e a compreensão de seu uso.

E, na internet, este é um processo coletivo: a assimilação se produz pela colaboração entre as partes. Além disso, a compreensão nessa rede se dá de maneira massiva, uma vez que tem o potencial de abranger todos os seus integrantes. Seu poder viral e sua conectividade permitem que novos conhecimentos sejam propagados por intermédio de técnicas de Otimização para Ferramentas de Busca (SEO – sigla em inglês para Search Engine Optimization)[14] – e tornem-se instantaneamente disponíveis na rede para que possam submeter-se à aprovação, correção e construção coletivas.

Assim, a hiperconectividade da rede permite o intercâmbio constante da informação e do conhecimento entre nodos e *hubs*. O valor dessa troca varia em termos de qualidade e compromisso, podendo se tratar de uma simples saudação, uma declaração de *status* social, da construção de um conteúdo ou da criação de um conhecimento compartilhado. Cada um desses formatos de relacionamento marca um grau de confiança e reciprocidade entre os membros da rede.

Neste sentido, a internet não se restringe a uma nova linguagem, como afirmou Robert K. Logan.[15] Ela representa um meio de comunicação que está transformando a lógica e, com ela, as habilidades cognitivas dos seres humanos, impulsionando-nos a fazer o

---

14 SEO é um processo de aprimoramento da visibilidade de um site em diferentes motores de busca, como o Google, o Yahoo! ou o Bing. Ele ocorre de maneira orgânica, ou seja, sem que se tenha de pagar pelo serviço da empresa que o administra. Técnicas de SEO vão desde a otimização da estrutura do website e de seu conteúdo até o uso de palavras-chave e conteúdo viral, a fim de que as páginas apareçam nos resultados de busca. Fonte: http://es.Wikipédia.org/wiki/Posicionamiento_en_buscadores.

15 De acordo com o Capítulo 3.

A Lógica Colaborativa da Rede

que sempre tivemos de fazer: compartilhar informações, em sinal de reciprocidade. No entanto, somente agora contamos com as ferramentas cognitivas que nos permitem fazê-lo da maneira mais eficaz possível e dentro de um contexto de confiança, em plena conformidade com as novas formas de socialização que a própria *web* nos propõe.

A Rede enquanto Espaço e Recurso Comum

O acesso irrestrito e generalizado a enormes quantidades de informação, assim como a possibilidade de produzir e compartilhar esses dados que nos é garantida e disponibilizada pela própria internet, tem gerado uma mudança absolutamente disruptiva que, estimulada e canalizada pelas redes sociais, tem modificado nossa vida cotidiana em seus aspectos mais ínfimos e, com isso, nossos valores pessoais.

Porém, além de permitir o acesso à informação e ao conhecimento de maneira inédita, a internet inaugura um novo paradigma em termos de construção cognitiva: qualquer indivíduo pode participar da alteração de um bem comum, seja subtraindo ou adicionando algo a ele. Isso transforma esse ambiente em um sistema colaborativo de código aberto. A capacidade de auto-organização da rede, revelada no uso das ferramentas de seleção, participação e classificação, define imediatamente a construção e a legitimidade desse conhecimento coletivo. Assim, a contribuição dos usuários leva à construção de conhecimentos que emergem da rede e se transformam em bens comuns (*commons*): um recurso a ser compartilhado, com novas propriedades.

O desafio de hoje não é apenas conseguir a participação ativa dos membros da comunidade em todos esses processos de criação de novos conteúdos (sejam eles novos conhecimentos, produtos, formas de relacionamento ou de recreação), mas também no desenvolvimento de formas de administrar o capital emergente que gera a interação social, dando-lhe um uso ao mesmo tempo proveitoso e sustentável.

CAPÍTULO 4

O próximo capítulo deste livro discorre justamente sobre o desafio de se construir uma comunidade e encontrar a forma mais justa, favorável e eficaz de gerenciar este capital que emerge em um espaço comum graças ao esforço coletivo e ao desejo de milhões de pessoas em todo o mundo de compartilhar.

CAPÍTULO 5

A Rede como um Recurso Comum

A "tragédia dos comuns" (*Tragedy of the Commons*) é uma armadilha social desenvolvida pelo ecologista norte-americano Garrett Hardin, em 1968. Ela descreve uma situação em que, por meio de ações individualistas, vários indivíduos destroem um recurso limitado e compartilhado por um grupo de pessoas – um bem "comum"[1] e, portanto, sujeito a uma série de dilemas e benefícios inerentes à sua natureza coletiva.[2] Historicamente, o paradigma do bem "comum" tem sido utilizado para analisar casos em que recursos são compartilhados por vários indivíduos, sem que haja necessariamente uma coordenação externa. Um bom exemplo disso é a zona marítima. A sobrevivência de muitas pessoas depende da pesca realizada dentro dela, portanto, é preciso que ela seja gerida de maneira coletiva para maximizar não apenas os benefícios individuais, mas do grupo como um todo.

Neste sentido, a contribuição à teoria dos comuns apresentada pela já mencionada ganhadora do prêmio Nobel de economia, Elinor Ostrom, é extremamente útil para nos ajudar a compreender as alternativas e os riscos envolvidos na administração de recursos partilhados. Em seu livro *Understanding Knowledge as a Commons* (Compreendendo o Conhecimento como um Bem Comum), Ostrom e Charlotte Hess propõem a aplicação do estudo dos comuns à produção de conhecimento – mais especificamente, de

---

[1] Termo em inglês que pode ser traduzido como "comum" ou "coletivo", e sempre utilizado no plural: *commons*.

[2] Ostrom, E.; Hess, C. (Eds.) (2007). *Understanding Knowledge as a Commons, from Theory to Practice* (Compreendendo o Conhecimento como um Bem Comum, da Teoria à Prática). Cambridge: The MIT Press, cap. 1.

CAPÍTULO 5

conhecimento acadêmico –, embora ele também seja aplicável a outras áreas. Neste capítulo, utilizaremos alguns elementos dessa teoria como ponto de partida para analisarmos o papel das comunidades na era 2.0.

Mudanças Radicais

A internet promove mudanças radicais que afetam, particularmente, a esfera do conhecimento, tanto no que diz respeito às formas de produzi-lo e enriquecê-lo, como de gerenciá-lo. Hoje as pessoas estão amplamente conectadas[3] – elas têm acesso a uma grande quantidade de informações, oriundas de fontes diversas e com diferentes níveis de qualidade e profundidade. E, graças a tecnologias da *web* 2.0, temos também a possibilidade de colaborar com sua produção: deixamos de ser meros consumidores de informação para nos transformarmos em produtores e, até mesmo, em administradores.

Daí a evidência de que as mudanças introduzidas pela internet estão reconfigurando nossos modos de pensar, aprender e agir, e, ao mesmo tempo, alterando nossos valores. No final do século XX, ninguém jamais poderia imaginar que um dia utilizaríamos uma enciclopédia criada de maneira coletiva por pessoas que não se conhecem, vivem em localidades distantes em termos geográficos, e não são necessariamente reconhecidas como referências em seus campos acadêmicos. No entanto, hoje o uso da Wikipédia é generalizado. Na virada do século passado, privilegiava-se a produção individual e o conhecimento especializado contido em mídias materiais (livros, revistas, jornais e similares), gerados por indivíduos de renome e "prestígio".[4] De fato, mesmo nos casos de produção coletiva de conhecimento, considerava-se que o processo deveria ser coordenado por uma ou mais pessoas avalizadas por alguma instituição confiável que cuidaria de estabelecer as normas e os controles do projeto, assim como seu financiamento. Tudo seria gerenciado dentro da mais absoluta confiança, de modo

---

[3] No final de 2010, mais de uma em cada dez pessoas no planeta fazia parte da rede social Facebook.

[4] Boyle, J.: *"Mertonianism Unbound?"*, em *Kowledge as Commons* (Mertonianismo Livre? em Conhecimento como Bem Comum).

a garantir a total confidencialidade da obra até que ela pudesse ser finalmente apresentada para a sociedade, como um material "fechado".

Atualmente, entretanto, o estilo clássico de produção de conhecimentos com base em autores com formação especializada passa a conviver em pé de igualdade com trabalhos coletivos desenvolvidos de forma colaborativa por indivíduos – às vezes, anônimos – que, de maneira espontânea, agregam e compartem seus conhecimentos, suas opiniões, experiências, preocupações e diversidade de perspectivas, entre outras coisas. Desse modo, a *web* se transforma em um gigante ambiente coletivo, que abriga não somente a produção e o uso de conteúdos, mas também a criação de novas formas de relacionamento, de novos valores e de uma nova consciência.

A este respeito, a Teoria das Mídias, de McLuhan, as pesquisas de Logan sobre linguagem e também o estudo sobre a lógica por trás da rede – todos conceitos já discutidos em capítulos anteriores –, nos trazem uma maior compreensão dessa mudança de paradigma que vem sendo impulsionada pela *web* e por suas ferramentas colaborativas. Todos esses pontos de vista convergem para a seguinte realidade: a internet, enquanto meio de comunicação, linguagem e rede utilizadora de novas tecnologias, possibilita uma conexão inédita entre os seres humanos, tanto em termos quantitativos quanto qualitativos – cada vez um número maior de indivíduos se conecta, e a cada momento os seres humanos estão mais interconectados. O fato é que este nível inaudito de conexão está dando origem a um "sujeito coletivo", que constrói seu objeto de conhecimento e seu contexto de ações de forma colaborativa e compreende a si mesmo a partir de uma perspectiva completamente diferente, adotando uma nova consciência pessoal, como parte ou membro de uma comunidade.

As comunidades são a essência para a compreensão das mudanças trazidas pelo paradigma 2.0, pois elas formam e, ao mesmo tempo, são formadas por novas tecnologias. Hoje, não são apenas os meios que são gerenciados de modo conjunto, mas também as comunidades. Estas adquiriram um ímpeto renovado a partir do advento da internet, um espaço em que recursos são compartilhados e podem ser gerenciados para um uso sustentável e rentável.

CAPÍTULO 5

Na sequência discorreremos sobre as características das comunidades *on-line* e seu impacto na vida moderna.

Comunidade, *Commons* e Conhecimento

Quando se trata de acesso a recursos *on-line*, e de participação neles, o inestimável trabalho de Elinor Ostrom nos esclarece a razão pela qual é tão difícil determinar o que realmente constitui uma comunidade. Isto se deve ao fato de que, em geral, o tratamento clássico desse tema sempre se referiu a pequenos grupos de indivíduos interligados por interesses ou realidades comuns, que se mostravam suficientemente fortes para estabelecer uma identidade de grupo. Em muitos casos, essas pessoas formavam agrupamentos que compartilhavam uma área geográfica delimitada.[5] No momento de solucionar problemas ou responder a queixas, era possível imaginar essas comunidades reunidas em prol de causas comuns – como por exemplo, nas lutas contra a contaminação ambiental ou a exploração indevida de recursos locais. Já em um meio como a internet, a comunidade pode apresentar limites incertos e a adesão a suas fileiras pode ser potencialmente irrestrita: como é o caso da "aldeia global," conceito imortalizado por McLuhan.

Agora, podemos começar a pensar em uma comunidade como um grupo de pessoas que compartilham uma série de características ou interesses comuns, mas não necessariamente uma mesma localização geográfica ou uma identidade coletiva (etnia, nível sócio-econômico etc.) Dentro de cada comunidade existe algum suporte material, são tomadas certas atitudes e prevalece um determinado grau de circulação de informações. Ostrom (2007) sugere que qualquer dificuldade em se definir o conceito de comunidade virtual pode ser dirimida simplesmente especificando-se seus elementos essenciais: usuários, provedores e gestores (*policy makers*).[6]

---

[5] Na verdade, o trabalho de Ostrom decorre de uma análise dos bens comuns em uma conformação local para a gestão de recursos naturais, em que prevalece um conceito de "comunidade," praticamente irreconhecível em tempos de "Aldeia Global".

[6] Ostrom & Hess, Op. Cit. Cap. 3

A Rede como um Recurso Comum

Por causa das mudanças já apresentadas neste livro, torna-se evidente a razão pela qual é imperativo imaginarmos nossa realidade atual dentro dos parâmetros de interação, interdependência e circulação de pessoas e ideias. Nada do que vivenciamos, possuímos ou conhecemos é – ou poderia ser – produzido por uma única pessoa.[7] A forte interação entre os seres humanos, a especialização do indivíduo no que diz respeito a conhecimentos e habilidades, e sua dependência em relação a recursos compartilhados, tudo isso torna a vida cotidiana absolutamente inimaginável em termos individuais. Isto se verifica não apenas em relação ao conhecimento, à internet e aos seus derivados 2.0, mas também aos usos e problemas relacionados aos recursos naturais, uma vez que os problemas ambientais que nos afetam não poderão ser resolvidos sem uma forte e estrita cooperação comunitária.

Atualmente, vários autores[8] concordam que a internet pode ser considerada uma "base de recursos comuns" (*Common-pool Resource* ou CPR) – conceito que também poderia ser traduzido como "sistema de recursos comuns." Neste sentido, levando-se em consideração que o recurso compartilhado na World Wide Web é o conhecimento – gerado pela interação de milhões de pessoas em um espaço virtual –, a rede das redes representa uma "base de conhecimentos comuns" (*Knowledge-pool Resources* ou KPR).

A KPR (a base) se fundamenta no compromisso, na colaboração e na construção coletiva da comunidade. À medida que conhecimentos comuns se acumulam e são disponibilizados, a KPR se transforma em um capital social acessível a todos. No contexto de ambientes cognitivos pré-desenhados, a KPR nos permite – por meio dos diversos formatos (visual, textual, auditivo) que fluem através da rede como resultado da

---

7 "Não, nenhum ser humano é capaz de fazer um lápis sozinho. Não existe um ser humano que possua o conhecimento necessário para fazer um lápis do princípio ao final do processo." Leonard Read, no ensaio "I, pencil" (Eu, Lápis). Disponível em http://en.Wikipédia.org/wiki/I,_Pencil.

8 Particularmente em: Hess e Ostrom, *"An Overview of the Knowledge Commons"* (Uma Visão Geral do Conhecimento de Base Comum); Kranich: *"Countering Enclosure: Reclaiming the Knowledge Commons"* (Regindo ao Claustro: Recuperando a Base de Conhecimento Comum); Levine: *"Collective Action, Civic Engagement, and the Knowledge Commons."* (Ação Coletiva, Engajamento Cívico e a Base de Conhecimento Comum), em Hess e Ostrom: Undestanding Knowledge as Commons.

própria conectividade interpessoal – compreender e gerenciar elevados níveis de complexidade contextual (social, humanitária e ambiental). A KPR se associa à criação dinâmica de conhecimentos porque evolui através dos aportes da comunidade, que, por sua vez, submete sua produção de ideias à revisão e ao debate constantes. Esta dinâmica reconfigura a relação – mais ou menos linear – imposta até agora pela lógica da imprensa e da radiodifusão. Cada KPR se constitui como um nodo em uma rede maior, uma vez que tende a ser complementada por outras bases comuns até formar subsistemas de uma rede cognitiva global interdependente. Desse modo, as KPRs desenvolvem uma trama policêntrica formada por nodos interconectados e interdependentes. Estes têm a capacidade de desenvolver-se, transformar-se e contribuir para a evolução do conjunto a partir de sua própria integração em um processo permanente de interação.

A consistência e a permanência das KPRs repousam precisamente nas contribuições das comunidades formadas por indivíduos identificados através do reconhecimento de interesses comuns, que criam e nutrem o conhecimento compartilhado. A atividade entre os participantes promove a circulação de ideias, perguntas, polêmicas e conclusões, o que não apenas expande essa rede de mentes interligadas, mas atrai outras. Desse modo, a *web* constitui a plataforma que incorpora a tecnologia à cognição. Esta crosta de mentes interconectadas se utiliza de todos os recursos tecnológicos disponíveis, que, por sua vez, aumentam a velocidade e a eficiência da própria construção cognitiva.

A *Web* como KPR

Conforme mencionado anteriormente, quando Ostrom aborda o conhecimento como uma base de bens comuns, ela está de fato nos apresentando um recurso que pode ser livremente utilizado por uma grande quantidade de pessoas, sem que estas tenham de pagar pelo seu consumo. Aliás, ao contrário do que acontece com outras bases comuns, neste caso, seu uso excessivo não é prejudicial à comunidade – talvez seja

A Rede como um Recurso Comum

inclusive benéfico. Ostrom também observa que aqueles que usam com mais frequência esses recursos compartilhados tendem a desenvolver mecanismos mais sofisticados de tomada de decisão e aplicação de regras para lidar com conflitos de interesse, obtendo resultados mais positivos. Talvez – seguindo as proposições de McLuhan – possamos identificar nesse fenômeno os sinais do salto de consciência que a rede, enquanto novo meio de comunicação, está impulsionando.

Em relação ao conhecimento e ao desenvolvimento sustentável, as KPRs – assim como as comunidades que as sustentam e alimentam – oferecem à humanidade um modelo de exploração e gestão comunitária de um recurso que garante benefícios que excedem, em quantidade e qualidade, os derivados de uso individual ou regulados por um agente externo (seja ele o governo ou qualquer outra organização). As KPRs são o resultado de um trabalho colaborativo de uma comunidade que compartilha um espaço comum de construção de conhecimentos. As KPRs representam para as redes o mesmo que um sistema operacional significa para um *hardware*: um ecossistema de espaços que permite a criação e o gerenciamento – armazenamento, processamento, classificação, retribuição e distribuição – do conhecimento coletivo de uma comunidade.

Estes ecossistemas de espaços de conhecimento funcionam como recursos comuns constituídos de forma coletiva pelos membros da comunidade. Esses participantes podem, ao mesmo tempo, servir-se livremente dos conteúdos e retroalimentá-los. Assim, utilizando-se das ferramentas adequadas, e adotando uma gestão inteligente, essa maior participação aumenta a qualidade e a quantidade dos recursos disponíveis.[9] Neste sentido, as pessoas não somente extraem conhecimentos das KPRs, mas também participam de sua produção, revisão e difusão, uma vez que a consulta de um recurso disponível na rede aumenta sua visibilidade e, consequentemente, a atração para os demais usuários.

---

9 Curiosamente, este ponto isenta os commons do reconhecimento da ameaça representada pela clássica "Tragédia dos Comuns": a tendência das pessoas de explorar um recurso compartilhado visando seu próprio proveito, prejudicando não somente a comunidade, mas o próprio recurso, que eventualmente poderá extinguir-se devido à exploração excessiva (Suber: "Creating na Intellectual Commons Through Open Access"), em Undestanding Knowledge as Commons).

CAPÍTULO 5

Em uma linha consistente, a teoria memética[10] sustenta a tese de que as comunidades constituem o sustento material para a propagação de ideias e que, portanto, qualquer incremento na comunidade representa um adendo na produção e propagação de conhecimentos. Todavia, para que isso aconteça as ideias precisam não somente de mentes isoladas, mas de um "ecossistema"[11] ou de uma rede de mentes. Tais condições podem acelerar o enriquecimento e a inovação de conhecimentos quando alcançarem níveis massivos – um fenômeno que Chris Anderson denomina "inovação acelerada pela multidão" (*crowd accelerated innovation*[12]). Alguns autores chegam a afirmar que o aumento dos conhecimentos de uma comunidade resulta em incrementos correspondentes em sua sensibilidade, consciência e capacidade de inovação,[13] o que só é possível quando existe um conjunto de pessoas formando a massa crítica necessária para se produzir a mudança.

Desenvolvimento do Capital Social e Exercício Cívico

Uma comunidade autogerenciada requer de seus membros o exercício contínuo da capacidade de resolver conflitos, defender interesses e minimizar riscos. As comunidades demandam e criam seu próprio

---

10 De acordo com a teoria formulada por Richard Dawkins, os "memes" são unidades de informação que residem no cérebro: as crenças, os conceitos e as tendências que se alojam em nossas mentes e são replicados por imitação e, através do processo de mimese, são transmitidos a partir de um cérebro para outro. Na era dos memes orais só era possível comunicá-los por meio de indivíduos que participassem de grupos fechados, ou passando-os de uma comunidade para outra por intermédios de viajantes ocasionais. Graças à invenção da escrita e da imprensa pode-se agora disseminá-los pelo tempo e espaço, produzindo assim vários receptores. Deve-se notar que Dawkins modifica seu conceito de meme ao longo de sua obra; a definição aqui utilizada, por ser considerada a mais completa e precisa, pode ser encontrada em The Extended Phenotype (O Fenótipo Ampliado), um livro de 1982, disponível em http://rapidshare.com/#!download|102l34|133685184|The_Extended_Phenotype__Richard_Dawkins_.pdf|17851).

11 Matt Ridley, *"When ideas have sex"* (Quando as Ideias Fazem Sexo), disponível em http://www.ted.com/talks/matt_ridley_when_ideas_have_sex.html

12 Chris Anderson, "Film School" (Filme Escola), disponível em http://www.wired.com/magazine/2010/12/ff_tedvideos/all/1

13 De acordo com Skolimowski H., The Participatory Mind (A Mente Participativa).

A Rede como um Recurso Comum

capital social (valor agregado gerado pela ação individual nas redes sociais), enquanto incentivam a reciprocidade – algo que pode ser subentendido como uma inclinação a fazer algo pelos demais integrantes da comunidade (uma ação encorajada pelo simples fato de ser membro desse grupo.

Esses fatores justificam a crescente expectativa que desperta a formação de comunidades para a gestão de conhecimentos e recursos tecnológicos, uma vez que se pode ver nessa dinâmica de funcionamento a perfeita ocasião para um valioso aprendizado e para o exercício do civismo, ganhos transferíveis a muitas outras esferas da vida de seus membros.[14] É provável que este aspecto das comunidades se revele particularmente vantajoso para os mais jovens, que são os principais utilizadores das novas tecnologias virtuais e cuja consciência cívica – ainda em plena formação – está exposta a um constante bombardeio de mensagens que exaltam o egoísmo e comportamentos individualistas. A criação de comunidades em torno de recursos *on-line* representa uma ótima oportunidade para uma transformação positiva, uma vez que nos retira da posição de consumidores passivos para nos oferecer oportunidades como empreendedores colaborativos e criadores de conhecimento.

O autogerenciamento também nos oferece vantagens organizacionais relativas à gestão externa, sendo que algumas das principais serão descritas na sequência.

Acesso direto. O autogerenciamento permite um melhor e mais direto acesso a informações relevantes que possibilitam a identificação de problemas, a proposição de iniciativas ou o desenvolvimento de políticas adequadas a cada caso.[15] Quando existe uma gestão interna, os que realizam essas tarefas são os mesmos usuários dos recursos comuns, indivíduos que conhecem detalhadamente a realidade vivenciada pela comunidade. No caso de uma administração externa, em constante mudança, na maioria dos casos recorre-se à aplicação de um

---

14 Levine em *Understanding Knowledge as Commons* (Compreendendo o Conhecimento como Bem Comum).
15 Ostrom, 1990

CAPÍTULO 5

modelo abstrato de gestão idealizado para todos os tipos de recursos e comunidades, sem se levar em conta as particularidades de cada caso isolado e sem contar com um conhecimento fidedigno e atualizado da realidade específica que se pretende abordar.

Fidelidade. Outra vantagem das comunidades autogerenciadas reside no compromisso de seus membros para com uma causa comum, já que serão eles os principais beneficiários de uma boa governança dos bens comunitários.

No caso da gestão externa, se esta fosse de natureza pública não haveria nenhum incentivo por parte do gestor em favorecer o desenvolvimento da comunidade e de seus recursos; em contrapartida, se fosse de natureza privada, o único incentivo seriam as eventuais vantagens para o próprio gerente que, além disso, poderia simplesmente optar por abandonar o projeto caso este deixasse de lhe parecer rentável. Dito isso, na próxima seção deste livro veremos que existem algumas desvantagens em relação ao compromisso das partes para com a comunidade.

Custos. Em consonância com o que foi mencionado anteriormente, aqueles que defendem o autogerenciamento como forma de se administrar bases comuns de conhecimento argumentam que isso evita uma série de custos de gestão e manutenção, uma vez que não é necessário pagar monitores externos nem se envolver em gastos logísticos para manter aparatos burocráticos que não sejam absolutamente imprescindíveis. Além disso, uma vez que se trata de uma gestão local e específica para cada caso, evitam-se gastos desnecessários, uma vez que quem toma as decisões administrativas são as mesmas pessoas que utilizam os recursos.

Os Desafios de uma Comunidade

Apesar das vantagens assinaladas, seria ingênuo imaginar que a mera criação de uma comunidade seria suficiente para garantir o uso proveitoso de recursos. Os problemas que vivenciamos atual-

A Rede como um Recurso Comum

mente com relação ao meio ambiente podem nos ensinar que, se as comunidades pretendem continuar utilizando de maneira contínua e prolongada os recursos ambientais, elas precisarão coordenar as estratégias e as normas implementadas e realizar todos os monitoramentos necessários. Não se deve pensar que estes problemas (tradicionalmente estudados pela teoria dos bens comuns) se referem exclusivamente aos recursos naturais, uma vez que as vantagens e as dificuldades por trás de uma gestão coletiva de recursos se aplicam também à internet enquanto suporte de informações, o que também envolve desafios específicos.

Devido a estas dificuldades, costuma-se afirmar de modo geral que as comunidades organizadas em torno de recursos compartilhados devem ser administradas em todas ou pelo menos em algumas fases de sua existência. Como já vimos, isso pode acontecer a partir de intervenções externas ou pelas mãos de alguns membros da própria comunidade. Há também grupos que surgem de modo espontâneo, enquanto outros são criados com a ajuda de um mentor externo que, durante a fase de gestação, acompanha seu desenvolvimento e os prepara para que continuem de maneira autônoma. No entanto, nem as comunidades espontâneas nem as induzidas são fáceis de administrar. Na maioria das vezes, a gerência deve se concentrar na resolução dos principais problemas que, eventualmente, levam à exploração dos recursos compartilhados. Veja a seguir alguns desses problemas, bem como algumas formas de solucioná-los:

- **Privatização ou cobrança pelos recursos, com o risco de se transformar o conhecimento em uma mercadoria**. A principal ameaça aos bens comuns são as corporações (e, em um grau menor, as regulamentações estatais), que desejam tratar os usuários como consumidores, não como cocriadores.[16] É essencial, portanto, estabelecer uma cultura que desafie as limitações introduzidas pelas corporações ou pelos controles do governo para preservar o caráter democrático da internet.

16 Ostrom & Hess, Op. Cit., Capítulos 1 e 9

CAPÍTULO 5

- **Monopolização.** Outra ameaça potencial sobre o conteúdo *on-line* é o privilegiamento de determinados sites ou grupos em relação a outros, uma vez que redes com maior peso dentro da *web* tendem a atrair cada vez mais atenção em meio à enorme quantidade de sites disponíveis. [17]
- **Diferenciação qualitativa do conhecimento.** Um medo comum em relação ao conhecimento que circula na rede está relacionado à qualidade da informação disponível e aos danos provocados pela poluição já existente. É provável que uma boa gestão dos recursos atinja uma massa crítica de contribuições que incentive a revisão constante de informações, além de uma diversidade que permita encontrar produtores e consumidores para todos os tipos de conhecimento.
- **Financiamento.** É importante não confundir os conceitos de "livre acesso" e "uso gratuito". Embora o acesso ao conteúdo *on-line* seja gratuito, sua produção e manutenção representam um custo para a comunidade, o que não pode ser ignorado. Sendo assim, no gerenciamento dos recursos é preciso encontrar formas alternativas para financiar a infraestrutura, de modo que os usuários não sejam prejudicados.
- **Mudanças culturais.** O advento da internet representa uma mudança de paradigma nos meios tradicionais de circulação de informação. É importante acompanhar a gestão dos recursos e implementar várias iniciativas no sentido de desenvolver um fluxo de colaboração e produção da informação *on-line,* e estimular seu uso inteligente[18]. Além disso, para uma gestão bem-sucedida dos recursos compartilhados é essencial estabelecer uma boa comunicação e um vínculo de confiança entre as partes, bem como uma visão comum do futuro e dos objetivos da comunidade. [19]

---

17 Nesse fenômeno que podemos denominar de *"Winner Takes it All"* (em português, O Vencedor Leva Tudo), verificou-se que os 10 sites mais visitados na web em 2005 receberam 30% de todas as visitas, enquanto no ano de 2010, eles receberam 75% das visitas.

18 Embora chamado "free-riding" (uso livre), em princípio isso não representa um problema para as comunidades virtuais, mas, em longo prazo pode levar a uma falta de input de informações, por isso é importante que os membros da comunidade se identifiquem como produtores de conhecimento, além de consumidores.

19 Ostrom, *"Governing the Commons"* (Governando os Bens Comuns).

A Rede como um Recurso Comum

Gestão de Comunidades

Tudo o que já foi explicado sobre as comunidades, suas dinâmicas e o conhecimento que emerge desses grupos pode ser confirmado na prática, diariamente.[20] O estabelecimento de comunidades virtuais a partir de interesses e objetivos comuns tornou-se possível graças às tecnologias 2.0, que viabilizaram a comunicação entre as pessoas, a criação de redes compartilhadas, a divulgação de dados e o aumento do conhecimento – em suma, a própria criação de capital social.

Nossa experiência nesse campo nos mostra que as comunidades virtuais precisam ser administradas – pelo menos durante parte de sua existência – com o intuído de se alcançar um equilíbrio e garantir sua continuidade. No caso da internet, estamos diante de um bem comum não regulamentado ou, de acordo com a visão de Kevin Kelly, da "maior anarquia operacional em todo o mundo." Considerando-se que a internet nasceu (e continua a existir) sem qualquer tipo de regulamentação, alguns desses fenômenos podem tornar-se sérias ameaças. Mas, afinal, como se deveria pensar nesta administração sem perder os benefícios do livre acesso e das novas tecnologias? Será possível regular o uso da internet sem ameaçar a liberdade da comunidade?

As respostas para essas perguntas ainda estão sendo formuladas, uma vez que tratam de realidades novas e em permanente transformação. No entanto, podemos começar a pensar nos princípios básicos necessários para a formação de comunidades sustentáveis. Se quisermos que as comunidades tenham uma existência sustentável e proveitosa, elas deverão ser gerenciadas a partir de três valores: transparência, honestidade e criação coletiva. Essa tríade representa o DNA da *web* 2.0 e o DNA da sustentabilidade como princípios para o desenvolvimento humano.

---

20 A criação e a gestão de comunidades para organizações distintas constituem partes significativas do trabalho que fazemos em nossa consultoria, *El Viaje de Odiseo* (A Jornada de Odisseu).

CAPÍTULO 5

Como afirmado na teoria dos bens comuns,[21] toda comunidade auto-organizada – incluindo a internet – requer (1) um alto grau de ação coletiva (isto é, que todos os membros sintam-se estimulados em prol de um objetivo comum), (2) autogerenciamento (incluindo normas, monitoramento e, inclusive, algum tipo de sanção pelo uso indevido) e (3) capital social, ou seja, o valor agregado pelas redes sociais e pela reciprocidade que delas advém. É importante notar, entretanto, que o fato de uma comunidade ser organizada não implica necessariamente na criação de uma organização (no sentido de instituição ou aparato burocrático), pois ela pode adotar formas mais horizontalizadas e flexíveis.[22]

Uma Mega KPR

Em uma escala maior, o crescimento exponencial da rede e sua transformação em *web* 2.0, estão dando lugar a um processo de reestruturação que visa classificar a complexidade resultante desse desenvolvimento. Na era da *web* 1.0, os motores de busca meramente indicavam aos usuários os caminhos para se acessar este ou aquele site, oferecendo-lhes diferentes opções. Uma vez dentro do site desejado, o visitante conseguia navegar pelo conteúdo das páginas mais ou menos da mesma maneira como um leitor explorava as notícias de um jornal. Hoje, entretanto, os motores de busca são uma porta de entrada para um ambiente hipersemiótico: ou seja, um território repleto de signos de signos. O mecanismo de busca representa cada vez mais um portal para essa "mega KPR" (a *web*), e sua função é estabelecer uma primeira organização dessa gigantesca carga de informações que flui dentro da rede a partir da informação inserida pelo utilizador. As

---

21 Hess e Ostrom: *"Introduction: Studying the Knowledge commons"* (Introdução: Estudando a Base de Conhecimentos Comum).

22 Ostrom, *"Governing the Commons"* (Governando os Bens Comuns). Por "organizar", a autora entende executar ações sequenciais, contingentes e dependentes de sua frequência, ao contrário de uma comunidade desorganizada em que sucedem ações simultâneas, não contingentes e independentes da frequência. Além disso, a ação implica em algum tipo de incentivo positivo ou negativo para determinadas atividades, e no fluxo de informações dentro da comunidade.

KPRs constituem o ápice dessa complexidade, uma vez que conectam comunidades de interesse para a produção coletiva do conhecimento.

No caso da Wikipédia – a maior enciclopédia já criada pela humanidade e o sexto site mais visitado na *web* –, e segundo seu fundador, Jimmy Wales, o segredo para criar todo esse trabalho, mantendo-se padrões de qualidade, está na combinação entre (1) uma nova forma de gestão, baseada em confiança e no envolvimento da comunidade, e (2) a tecnologia, que capacita seus membros e disponibiliza as ferramentas necessárias para monitorar e enriquecer esse espaço comum. De acordo com Wales, a forma de administração da Wikipédia é, pelo menos em parte, uma democracia, uma vez que qualquer usuário da internet tem o poder de entrar nas páginas publicadas e editar um artigo, assim como de participar da eleição de seus administradores, que, por sua vez, se reservam o direito de excluir entradas. Porém, a Wikipédia também funciona como um tipo de aristocracia, já que existe um grupo de usuários ativos comprometido com a construção coletiva dessa KPR. Eles garantem o respeito às regras e a qualidade do conteúdo, editando-os, discutindo-os em salas de bate-papo na própria internet, votando, alcançando consenso sobre os dados e, inclusive, reunindo-se pessoalmente em várias cidades ao redor do mundo para fortalecer seus laços. Por fim, a Wikipédia também opera como uma monarquia, à medida que seu fundador tem o direito de tomar e implementar decisões que considere justificáveis.

Outro exemplo – bem mais específico, mas de enorme potencial – é o Projeto Polymath. Em janeiro de 2009, Tim Gowers, um matemático da Universidade de Cambridge, na Inglaterra, deu início a esse projeto, escolhendo um problema matemático complexo para resolvê-lo em público. Para isso ele utilizou seu próprio blogue como plataforma, publicando ali suas ideias e documentando passo a passo seu progresso. A partir daí ele convidou outros usuários a contribuírem com suas próprias sugestões. Poucas horas depois de Gowers abrir seu blogue para debates, começaram a surgir contribuições de todos os lugares do mundo e, depois de apenas seis semanas, o problema já estava resolvido. Seguiram-se outros desafios do gênero, mas a questão fundamental é que o Projeto Polymath tornou-se o pioneiro de uma

CAPÍTULO 5

nova abordagem para a resolução de problemas, além de um modelo que seria adotado por outras redes científicas.

Projetos dessa natureza utilizam tanto as ferramentas disponíveis na internet quanto os recursos cognitivos do próprio ser humano para ampliar nossa inteligência coletiva. As ferramentas constituem um modo de conectar as pessoas certas, no momento certo, para tratar das questões certas, dentro do seu campo de atuação. O Projeto Polymath é apenas um exemplo de como as redes científicas que aproveitam o ecossistema da *web* têm o potencial de acelerar dramaticamente a taxa de descobertas no campo da ciência. É provável que, graças a ele (ao projeto), testemunhemos já nas próximas décadas uma extraordinária aceleração nos processos de pesquisa científica, em comparação à realidade vivenciada nos últimos três séculos.

Quanto à aplicação deste modelo e ao uso de ferramentas colaborativas dentro de empresas, um ótimo exemplo é o Plano de Sustentabilidade da Unilever (Sustainable Living Plan). Em 2010, essa multinacional dedicada à fabricação de produtos de limpeza, cuidados domésticos e alimentos, publicou seu Plano de Sustentabilidade. Nele, foram delineadas as ambiciosas metas da empresa nesse setor. No entanto, os líderes da companhia logo perceberam o quanto seria difícil atingir seus objetivos sozinhos. A partir dessa constatação, eles resolveram ser criativos e estabelecer uma plataforma de colaboração *on-line*: o Laboratório de Vida Sustentável (Sustainable Living Lab).

Em 2012, várias organizações da sociedade civil e empresas, vários governos e outros personagens-chave para essa empreitada, foram convidados pela Unilever a trabalhar em conjunto e buscar ideias e soluções que permitissem à companhia alcançar suas metas estabelecidas para 2020 e avançar rumo à sustentabilidade. Os temas propostos para discussão foram quatro: abastecimento sustentável; produção e distribuição sustentáveis; mudanças nos comportamentos dos consumidores; e reciclagem e tratamento de resíduos.

O laboratório foi realizado ao vivo no dia 24 de abril de 2012, permanecendo *on-line* durante 24 horas. O nível de resposta ao convite

A Rede como um Recurso Comum

foi altíssimo: registrou-se a colaboração de mais de 2.200 líderes e especialistas em sustentabilidade, representando 77 países. A participação do público também foi massiva: mais de 3.900 mensagens foram recebidas durante o evento. Um grupo com mais de 100 dirigentes de vários setores da Unilever se engajou nas discussões com os participantes, enquanto a mediação dos debates ficou a cargo das agências SustainAbility[23] e GlobeScan.[24]

Projetado para envolver todas as partes interessadas e concebido a partir de um questionamento inicial, o Living Lab foi um chamado à realização de um trabalho conjunto no enfrentamento dos desafios inerentes à sustentabilidade. Ele permitiu o desenvolvimento de parcerias – tanto novas quanto já existentes – e representou uma grande oportunidade para que a Unilever e os demais participantes trabalhassem de modo colaborativo e transformassem em ações algumas das ideias, sugestões e soluções surgidas durante as discussões.

A experiência que já foi descrita como "única", "inspiradora" e "estimulante", e ainda definida como "uma grande plataforma aberta" e "a solução para a sustentabilidade via terceirização em massa (*crowdsourcing*)", determinará seu verdadeiro sucesso por meio de sua contribuição para o cumprimento das metas estabelecidas. Conforme comentado por um dos participantes: "Este foi um grande passo, pois permitiu que peritos externos colaborassem com especialistas internos da empresa em questões-chave para a Unilever. O próximo passo será observar como isso nos levará a um grau de colaboração que ajude a Unilever a impulsionar mais mudanças rumo à sustentabilidade."

Não há dúvidas de que uma comunidade gerida a partir dos princípios da *web* 2.0 não somente alcançará o desenvolvimento de mais e melhores ideias, mas também – e acima de tudo – dará um salto qualitativo em termos de consciência, promovendo a grande revolução que, conforme já dizia McLuhan, acompanha o surgimento de um novo meio.

---

23 Grupo de pensadores e consultores no setor de defesa ao meio ambiente fundado em 1987 pelos ativistas britânicos John Elkington e Julia Hailes. (N.T.)

24 Empresa de pesquisa de opinião pública e consultoria nas áreas de engajamento e sustentabilidade (entre outras), fundada em 1987. (N.T.)

CAPÍTULO 5

O ato de promover a transparência, a honestidade e a colaboração, equivale àquele de se construir a própria sustentabilidade, uma vez que implica compreender que, sem uma vontade expressa e um compromisso verdadeiro, não haverá nenhuma possibilidade de se garantir um futuro para qualquer criação humana. Esse salto não requer mais inteligência, e sim uma maior conexão para que possamos aumentar nossa consciência e sensibilidade, e nos inspirarmos a transformar nossas convicções em realidade. Uma vez que as pessoas estejam interconectadas em uma comunidade regida por esses três valores fundamentais (colaboração, transparência e desejo de compartilhamento), estarão criadas as condições para que seja dado esse grande salto rumo a formas sustentáveis de desenvolvimento.

CAPÍTULO 6

Viagem ao Futuro

Vivenciamos um período de transformações rápidas, monumentais e sem precedentes na história da civilização. A humanidade adentrou o que podemos denominar "Era Exponencial", uma íngreme curva ascendente impulsionada por vários fatores: consumo voraz, crescimento populacional, aumento nas emissões de gases de efeito estufa, acidificação dos oceanos, desertificação de extensos territórios e perda de biodiversidade. Já em ordem decrescente, também testemunhamos o inevitável esgotamento dos combustíveis fósseis, ainda que eles representem nossa principal fonte de energia.

Em contrapartida, os progressos científicos e tecnológicos também têm sido exponenciais. Como afirma Santiago Bilinkis,[1] haverá mais mudanças ao longo dos próximos 50 anos que todas as registradas no decorrer dos últimos cinco mil. Estamos deixando para trás a era do desenvolvimento linear. Assim nos mostra, por exemplo, o progresso dos automóveis e aviões, em comparação àquele verificado no campo da informática. Embora ambos os meios de transporte possam ser considerados duas das criações mais emblemáticas dos seres humanos na era industrial e, sem sombra de dúvidas, tenham representado verdadeiros sustentáculos para o desenvolvimento econômico nos últimos cem anos, o fato é que desde sua criação no início do século XX – e até os dias de hoje – seus benefícios mudaram relativamente pouco. Na verdade, os maiores avanços ocorridos nos automóveis e nos aviões estão relacionados aos seus custos de fabricação e consumo

---

1 http://www.youtube.com/watch?v=xeL45RSRLb0.

CAPÍTULO 6

energético – embora, neste caso, não possamos atribuir qualquer sentido realmente positivo para a humanidade.

A informática, por usa vez, ostenta um crescimento exponencial. Isso inclusive já apareceu na teoria de Gordon E. Moore, cofundador da Intel, em sua lei empírica lançada no ano de 1965, segundo a qual: a capacidade dos computadores duplica a cada 18 meses. Efetivamente, ao longo dos últimos 26 anos, a capacidade dos circuitos integrados (*chips*) aumentou nada menos que 3.200 vezes.

Ainda segundo Bilinkis, a Lei de Moore é "contagiosa." Isso, aliás, fica evidente em outros campos científicos e tecnológicos. Vejamos, por exemplo, as enormes perspectivas que se abriram a partir do mapeamento do genoma humano e de outras pesquisas que certamente exerceram – e continuarão exercendo – enorme impacto em nossa vida cotidiana. Dentro de uma dinâmica semelhante, o projeto "Roedor Matusalém", lançado em 2003, continua a ser desenvolvido pelo biogerontólogo inglês Aubrey de Grey,[2] que incentiva a realização de pesquisas no sentido de retardar e reverter o envelhecimento. Ao longo dos últimos 5.000 anos, a expectativa de vida humana aumentou em 40%; porém – segundo de Grey – experiências recentes em laboratório permitiram que um camundongo alcançasse o dobro da média de vida esperada para animais dessa espécie. Seguindo esta lógica, de Grey afirma que, se nos aprofundarmos nesses estudos,[3] as novas gerações poderão viver mil anos.

A lista dos avanços que refletem esse salto exponencial é cada vez mais longa e irrefutável. Ela inclui, por exemplo, protótipos – já bastante avançados – de veículos autodirigidos,[4] capazes de processar uma grande variedade de informações em apenas uma fração de segundo – o que excede em muito as limitações sensoriais do ser humano que, com frequência, convertem o indivíduo em um verdadeiro perigo ao

---

2 http://www.ted.com/talks/aubrey_de_grey_says_we_can_avoid_aging.html.
3 A propósito, o cientista nos informar que, atualmente, essas investigações estão muito além do financiamento disponível: um sinal da lógica de prioridades e interesses do nosso mundo atual.
4 http://www.wired.com/magazine/2012/01/ff_autonomouscars/all/1

volante. Nessa lista também consta o "hambúrguer de laboratório". Estima-se que essa criação irá reduzir em 96% as emissões de carbono da indústria de carne, um produto cujo consumo anual alcançará 376 milhões de toneladas em 2030.[5]

Mas, afinal, qual é a relevância dessas surpreendentes pesquisas e evoluções? A importância de tudo isso está no fato de que toda essa degradação – que, aliás, nós mesmos estamos causando ao planeta – está conduzindo uma geração inteira a um profundo abismo, neste caso representado pelas mudanças climáticas e pelo esgotamento dos recursos naturais. Isso ocorre em função da constante tração entre a demanda excessiva e permanente de produtos de consumo e os próprios limites da natureza em atendê-la.

Nossa espécie está atravessando um período de extrema fragilidade, uma vez que já ultrapassamos vários limites de resiliência de nosso planeta. Todavia, governos, empresas e outras instituições corporativas – em sua esmagadora maioria – continuam a reagir de maneira deslumbrada a essa realidade, insistindo em um conceito de "progresso" totalmente equivocado e perigoso, que se baseia em lucros e consumo exacerbados. Porém, enquanto cidadãos cabe a nós agirmos no sentido de despertarmos desse estado de Narcose de Narciso em que nos encontramos e nos conscientizarmos das verdadeiras repercussões de nossas ações em escala global. Evitar a extinção de nossa espécie exigirá de nós uma mudança radical de direção. Demandará o despertar para uma nova coerência e consciência planetárias. Implicará em mudanças amplas, profundas e céleres na administração dos recursos e nos níveis de consumo e crescimento demográfico. Não temos escolha!

O futuro se ergue diante de nós, e está ao nosso alcance. Porém, para atingi-lo, teremos de sobrepujar o abismo que se estende diante de nós. Para isso teremos de nos valer de uma nova lógica e de uma nova maneira de produzir conhecimentos. A lógica da rede e as novas ferramentas cognitivas – como as KPRs (sistemas de conhecimentos comuns, mencionados no capítulo anterior) – poderão representar o

---

5 http://inhabitat.com/lab-grown-345000-petri-dish-hamburger-is-coming-to-a-table-near-you/.

CAPÍTULO 6

caminho certo para a criação de uma estrutura que promova esse salto de consciência na humanidade.

Enfrentamos o desafio de criar um novo paradigma; de produzir uma segunda revolução copernicana que redefina o lugar do ser humano no sistema planetário, a partir da compreensão de que não somos o centro do universo, apenas uma parte de seu metabolismo global. Será a partir dessa consciência que a humanidade poderá começar a restaurar a biosfera. As KPRs, como sistemas cognitivos de cooperação e envolvimento comunitário, nos permitirão tecer a trama social consciente, resistente e, ao mesmo tempo, regenerativa, de que a humanidade tanto precisa para gerenciar de maneira harmoniosa e equilibrada seu próprio desenvolvimento.

Somos os protagonistas de uma nova era: o Antropoceno. Tomar consciência de tal realidade pressupõe invariavelmente compreender que o que está em jogo hoje não é nossa qualidade ou estilo de vida, mas a própria viabilidade da espécie humana e do sistema Gaia, do modo como os conhecemos até hoje. A Era Exponencial é nossa grande ameaça, mas também nossa melhor oportunidade. Implica em um salto de complexidade que, para ser explorado, exigirá que a humanidade se utilize de toda a sua capacidade autopoiética para produzir uma reordenação interna do sistema humano que seja plenamente compatível com o meio ambiente e proporcione nossa viabilidade enquanto espécie.

Naturalmente, este processo de adaptação não ocorrerá de maneira passiva em relação à evolução externa. Acreditar nisso seria o equivalente a imaginar que a crise ambiental (à qual, como já explicado anteriormente, nossa espécie não está alheia) poderia se resolver (ou se reverter) de modo espontâneo, sem a necessidade de decisões humanas conscientes e comprometidas. Contudo, se as catastróficas mudanças ambientais são, em sua maioria, promovidas por nós mesmos, nossa reorganização interna também promoverá mudanças profundas no funcionamento dos ecossistemas. Isso não representa a expressão de um desejo, mas a dinâmica de funcionamento dos sistemas abertos autorregulados.[6]

6 De acordo com a introdução "A Bordo do Titanic."

Trata-se da nossa chance – talvez a única, aliás – de ingressarmos em uma fase reconstrutiva ou regenerativa do planeta Terra.

Diante da magnitude dessa crise, a boa notícia é que não estamos totalmente desamparados, pois contamos com a capacidade e a infraestrutura para suportá-la: o aprendizado social e a humanidade em rede. A *web* é uma extraordinária plataforma para desenvolvermos um emaranhado de mentes interconectadas e produzirmos as ferramentas cognitivas que resultarão em uma nova consciência. Chegou a hora de personificarmos as mudanças que tanto desejamos.

Mas como administrar a transposição desse enorme abismo que nos separa do futuro? No que consiste essa autopoiese, essa autorreorganização interna que nos permitirá sobrepujá-lo? As pessoas aprendem sobre o mundo dentro do próprio mundo. Todo o nosso aprendizado ocorre de maneira interpessoal, intersubjetiva e reflexiva. Aprendemos observando os outros e sendo observados. Compartilhamos pontos de vista, formamos nossas próprias opiniões e influímos sobre as alheias. O conceito de "aprendizagem social" descreve a influência recíproca existente entre as variáveis sociais e nossas capacidades cognitivas, tanto no sentido geral quanto específico. Por esta razão, esse aprendizado comum pressupõe a interação de indivíduos que aprendem na construção de uma realidade comum: é social, uma vez que se refere à associação com outros indivíduos e à produção de conhecimentos obtidos através de tal associação.

A este respeito, Edward T. Higgins,[7] professor de psicologia na Universidade de Columbia, classifica e analisa dois conjuntos de princípios ligados à aprendizagem social. Em primeiro lugar estão aqueles relacionados ao processo interno de aprendizagem, ou seja, os princípios de (1) organização (capacidade de conectar um dado isolado a outras informações e estabelecer uma conexão); (2) explicação (capacidade de inferir ou atribuir causalidade às nossas ações ou às de outras pessoas);

---

7 Higgins, E.T. (2000). *Social Cognition: Learning About what Matters in the Social World* (Cognição Social: Aprendendo Sobre o que Importa no Mundo Social). European Journal of Social Psychology, 30, 3-39.

(3) ativação do conhecimento (capacidade de recuperar conhecimentos já disponíveis em nossa memória); e (4) uso de conhecimento (capacidade de utilizarmos conhecimentos ativos e já internalizados através de respostas automáticas). De acordo com Higgins, estes princípios são os que permitem às pessoas regularem suas ações dentro de uma relação efetiva e eficiente com as que estão ao seu redor.

Posteriormente, Higgins define aqueles que dizem respeito à forma como o ambiente influencia o aprendizado. São eles os princípios de (1) realidade compartilhada (a suposição de que outros compartilham nossos pontos de vista e nossas crenças pessoais, sem que precisemos recorrer a outras evidências para fundamentar nossas opiniões); (2) representação de papéis (se uma ação é social quando leva em conta a presença dos demais, a representação de um papel é um componente fundamental porque ela se modela a partir das expectativas dos que estão ao nosso lado); (3) identidade social e posicionamento (toda categoria socialmente reconhecida representa uma posição social e modela uma identidade social); e (4) julgamento interno (princípios internos significativos que regulam o comportamento das pessoas). Operando em conjunto, todos esses princípios permitem que as pessoas estabeleçam os entendimentos mútuos necessários para se considerarem umas às outras como parte de uma ação social efetiva.

Alcançar uma boa articulação de ambos os conjuntos de princípios é um requisito básico para se produzir um alinhamento cognitivo, ou seja, a consciência comum de que somos um sistema aberto em constante interação com o sistema Terra. É na rede que se desdobra esse novo processo de aprendizagem social. Os nodos de conhecimento que se desenvolvem na rede configuram os processos colaborativos de aprendizado, nos quais prevalece uma relação intersubjetiva simétrica, uma vez que nenhum dos participantes atua como autoridade máxima ou especialista absoluto. Se o conhecimento é uma construção elaborada dentro de um contexto social e cultural, em relação a determinados objetivos, as ferramentas 2.0 oferecem as condições para a realização de um trabalho conjunto na resolução de problemas, permitindo a construção de novos conhecimentos que serão apreendidos individualmente.

A linguagem da rede – a sexta linguagem[8] – representa um catalisador das possibilidades de um aprendizado social diferente, pois rompe com as formas tradicionais de se construir conhecimento (linear, compartimentada, unidirecional, mecanicista e vertical), preparando terreno para um desenvolvimento aberto, descentralizado, coletivo, colaborativo e compartilhado.

Todavia, este processo não é instantâneo. Vale lembrar que, segundo McLuhan, toda nova tecnologia criada pelo homem apresenta, em seu primeiro período de internalização, um efeito anestésico sobre a consciência humana.[9] Além disso, um novo processo de construção e gestão de conhecimento precisa superar a inércia das formas estabelecidas no período anterior.

A propósito, as reflexões do editor Nathan Gardels[10] – que estão em perfeito alinhamento com as ideias de McLuhan – constituem uma valiosa contribuição para essa discussão. Segundo Gardels:

> *"as disruptivas tecnologias que 'aprimoram a memória, a visão e a atenção'(e incluem desde a imprensa à web) sempre produzem 'crises de progresso', uma vez que afetam a posição dos chamados 'grupos protetores,' os intermediários e as instituições que outrora controlaram a informação e o poder [...] Logo, a primeira fase de um processo de mudança é, muitas vezes, conflituosa e até destrutiva (consideremos, por exemplo, as guerras religiosas registradas na Europa após o advento da imprensa). Nesta fase, as forças são absolutamente centrífugas, ou seja, fragmentadoras e devastadoras."*

Estamos em uma transição rumo a um novo paradigma: as formas tradicionais e, até o momento, convencionais de se produzir e adequar

---

8   114. De acordo com o Capítulo 2.
9   115. De acordo com o Capítulo 3.
10 http://elpais.com/elpais/2012/03/15/opinion/1331811901_336964.html.

CAPÍTULO 6

conhecimentos estão sendo reconfiguradas, modificando assim nossas perspectivas e, consequentemente, nossos valores.

Gardels não deixa de perceber que "mídias sociais como o Twitter ou o Facebook são positivas para mobilizações de curta duração por parte de indivíduos dispostos a agir, mas não para desenvolver processos de negociação e construção de consensos, que requerem a tomada de decisões inteligentes." Embora isso signifique que devemos criar novos processos – e acredito que as KPRs encarnem justamente essa evolução –, não podemos deixar de assinalar que as redes sociais desenvolvem um papel importantíssimo: a exponencial conectividade entre as pessoas. Seu crescimento fala por si: em apenas 1.122 dias, entre 2008 e 2011, o Facebook ganhou mais de 700 milhões de adesões; o Gmail conta agora com 350 milhões de usuários, e continua a crescer; o YouTube, por sua vez, abriga mais de 800 milhões de usuários mensais, responsáveis pelo carregamento (*upload*) de mais de uma hora de vídeo por segundo. Podemos pensar nessas redes como uma espécie de "marco zero", ou seja, como um prelúdio para um grande salto qualitativo, já que elas potencializam a circulação de ideias, a interação social, o debate e o desenvolvimento coletivo.

As KPRs, por sua vez, representam um estágio superior desses processos de interconexão e novo aprendizado sociais, pois representam sistemas autogerenciados constituídos por indivíduos vinculados por interesses comuns, em busca de soluções. Devemos imaginar as KPRs como instrumentos sociais que reúnem um enorme potencial em termos de conhecimentos. Sua eficácia será avaliada por sua capacidade de responder a problemas oriundos de novos fenômenos. O que permite a existência dessas redes é a interligação entre nodos que potencializam o conhecimento, criando assim um tecido cognitivo global, cujo resultado será o alcance de uma consciência e de uma ação coletivas. A rede, como um todo, é, portanto, o local de encontro, difusão, influenciação e geração dessa consciência. As KPRs ocuparam o centro cognitivo de outros órgãos de ação disseminados e, neste sentido, se transformarão nos gestores estratégicos para a implementação de soluções. Por meio delas (das KPRs) será possível responder às questões propostas pelo programa Hilbert, levantadas pela comunidade científica da Parceria da Ciência do Sistema Terrestre (ESSP). Então, a partir da geração, integração e transformação dessas relevantes informações, poderemos projetar metodologias adequadas que integrem os conhecimentos intrínsecos às ciências naturais e sociais, e nos permitam sair da encruzilhada em que a humanidade se encontra atualmente.

São várias as razões que me levam a insistir nessa questão. Uma delas surge de um ponto de vista conceitual, uma vez que a reflexão sobre o processo cognitivo e seu desenvolvimento através das ferramentas 2.0 – após esclarecido –, se reintroduzem como *feedback*, retroalimentando toda a operação do sistema. Precisamos aproveitar o processo de aprendizagem para aprimorarmos a qualidade das soluções que utilizaremos diante dos desafios que representam as mudanças climáticas. A reflexão sobre o conhecimento – e também sobre seus métodos de produção – irá preparar o terreno para que nos adaptemos aos novos desafios, à medida que incorporarmos em nosso acervo suas regras gerais e as contrastarmos de maneira sistemática com o desenvolvimento real dos conhecimentos.

Todavia, nenhuma dessas considerações e nenhum desses processos poderão nos permitir perder de vista o que é essencial: é tempo de agir, pois estamos à beira de um abismo. O desenvolvimento, que através de uma dinâmica linear nos explicou toda uma era histórica da humanidade, experimenta agora um salto qualitativo e quantitativo: ingressamos na era exponencial. Transformamo-nos em uma força geológica capaz de influenciar de maneira cada vez mais decisiva todo o metabolismo do sistema terrestre. É isso o que está ocorrendo neste exato momento. O fato é que todo esse desenvolvimento está colocando em dúvida nossa própria viabilidade enquanto espécie. Estamos a bordo do Titanic e, apesar de todos os alertas que recebemos a cada instante, não reduzimos nossa velocidade, tampouco modificamos nosso curso. Pelo contrário, continuamos a atravessar um oceano repleto de *icebergs* que nós mesmos criamos e distribuímos.

CAPÍTULO 6

O que devemos fazer agora? Estou convencido de que precisamos enfrentar essa transição, esse abismo, valendo-nos desses verdadeiros oásis de conhecimento e esperança que representam as KPRs – essas comunidades de indivíduos que se reúnem em prol de interesses comuns, a fim de construir um mundo melhor. Juntamente com as próprias comunidades, a humanidade também criou um meio para conectar os conhecimentos que ela é capaz de produzir: a *web*. Ambos – comunidades e conhecimentos – definem as coordenadas de nossos novos bens comuns (*commons*). Através da rede, dentro de um quadro de honestidade, transparência e cooperação, encontraremos as ferramentas intelectuais que nos permitirão gerenciar a complexidade do mundo em que vivemos, compreender o conceito de exponencialidade e encontrar soluções. Devemos, portanto, personificar as mudanças que tanto almejamos para que, assim, possamos ir de encontro a um novo paradigma, onde a prosperidade não seja um sinônimo de consumo, tampouco o lucro represente a grande urgência por trás do progresso. Precisamos restaurar a harmonia entre a nossa expansão enquanto espécie e a natureza que nos abriga e nos provê. É hora de estabelecermos um novo equilíbrio.

Quando esse sistema de mentes interconectadas que estamos tentando desenvolver finalmente se conscientizar de que, para continuar existindo e operando, precisará de uma biosfera saudável e sustentável, então finalmente uma nova consciência cosmológica surgirá – seu trabalho será regenerativo e estará focado na busca de equilíbrio e desenvolvimento sustentável.

O Titanic, dotado de um novo sistema de identificação de *icebergs* e de uma tripulação consciente dos riscos de naufrágio, navegará por uma rota diferente e a uma velocidade que lhe permita superar todos os obstáculos sem maiores riscos ou sobressaltos, levando todos – nós mesmos e nossos filhos –, sãos e salvos, às fronteiras de uma nova existência humana.

Formamos uma comunidade que se organiza em torno de recursos compartilhados, portanto, precisamos mais do que nunca cooperar, de maneira sólida e decidida. Enquanto espécie, **existimos** em comunidade. A inovação e a criatividade demandadas por este momento dependem de nossa participação, colaboração e construção coletiva. Será que estamos prontos para enfrentar esse enorme desafio? Acredito que sim.

Agradecimentos

Este trabalho é o resultado de um esforço ao mesmo tempo individual e coletivo. A partir de uma perspectiva pessoal, o texto aborda os principais pensamentos que permearam minha mente ao longo da última década.

Todavia, tais ideias não poderiam ter amadurecido sem a colaboração e o apoio da equipe da organização *A Viagem de Odiseo*, que acompanhou todo o processo e o brindou com valiosas contribuições na forma de identificação e consolidação de tendências.

Agradeço a todos aqueles que participaram do processo e, em especial, a Adriana Roldán e Gabriela Ramos, que ajudaram tanto nas pesquisas que serviriam de sustentação para esta obra como na elaboração dos rascunhos, a Alejandra Procupet, que foi responsável pela edição final dessa obra e a Fernando Jesus, responsável pela edição final da versão traduzida para o português.

Ernesto van Peborgh

http://www.aviagemdeodiseo.com

www.dvseditora.com.br